DU PAIEMENT

(DROIT ROMAIN)

DE LA

NON RÉTROACTIVITÉ DES LOIS,

(DROIT FRANÇAIS)

DISSERTATIONS POUR LE DOCTORAT

PRÉSENTÉES

A la Faculté de Droit de Toulouse

Conformément à l'art. 1 de l'arrêté du 5 décembre 1851, et à l'article 6 de
l'arrêté du 1 février 1853.

Par M. Henri DOAT

AVOCAT.

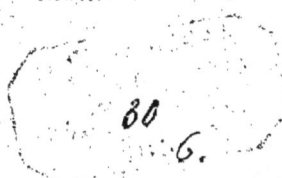

TOULOUSE

TYPOGRAPHIE DE BONNAL ET GIBRAC

RUE SAINT-ROME, 46.

1856

DU PAIEMENT

(DROIT ROMAIN).

DE LA

NON RÉTROACTIVITÉ DES LOIS.

(DROIT FRANÇAIS).

DISSERTATIONS POUR LE DOCTORAT

PRÉSENTÉES

A la Faculté de Droit de Toulouse

Conformément à l'art. 1 de l'arrêté du 5 décembre 1851, et à l'article 6 de l'arrêté du 1 février 1853.

Par M. Henri DOAT

AVOCAT.

＞＞＞＞◁●▷◁＜＜＜

TOULOUSE

TYPOGRAPHIE DE BONNAL ET GIBRAC

RUE SAINT-ROME, 46.

—

1856.

A LA MÉMOIRE DE MON PÈRE.

———

A ma Mère.

———

A mes Parents

———

A mes Amis.

DROIT ROMAIN.

DU PAIEMENT.

CHAPITRE PREMIER.

Caractères du paiement. — Sa définition.

§ I.

1. Les obligations, en Droit Romain, s'éteignent *ipso jure* ou *exceptionis ope*.

Dans les obligations qui s'éteignent *ipso jure*, les débiteurs trouvent des moyens de défense, proprement dits, contre les créanciers : ainsi, dans le paiement, l'acceptilation, la novation de la créance, l'obligation est dite éteinte *ipso jure*, parce qu'alors le *judex* doit juger conformément aux lois, aux constitutions et aux usages qui constituent le Droit civil, *ipsum jus*. Le *judex* pouvait admettre les moyens fondés sur le Droit civil sans que le Préteur les lui eût soumis ; car le droit d'apprécier si une obligation avait été éteinte, *ipso jure*, rentrait dans les pouvoirs réguliers du *judex*.

2. Les obligations s'éteignaient aussi *exceptionis ope*. Le mot *éteindre* n'est pas rigoureusement exact dans ce

cas ; car les obligations étaient simplement paralysées dans leur efficacité par l'autorité prétorienne.

Le Préteur insérait une exception dans la formule, ce qui permettait au *judex* de prendre en considération les moyens fondés sur le droit Prétorien. Par exemple : *Primus* est mon débiteur, mais je me suis engagé par un pacte à ne pas réclamer ce qu'il me doit. D'après le Droit civil, je pourrais toujours exiger le paiement de la dette qu'il a contractée à mon égard, mais je demanderai au Préteur d'insérer dans la formule l'exception *doli mali*, ou l'exception *in factum pacti conventi*, si le débiteur est une des personnes auxquelles ma position relative m'oblige d'épargner l'infamie. De cette manière, le pouvoir du *judex* sera augmenté par le droit qu'il aura d'apprécier l'exception. Mais ce moyen n'opère pas par lui-même (*ipso jure*), comme les modes du droit civil, il doit être invoqué expressément par le débiteur, et s'il gardait le silence, le *judex*, qui ne trouverait rien dans la formule, serait lié par le droit strict. Cet exemple suffit pour bien établir la distinction qu'il faut faire entre les modes d'extinction des obligations *ipso jure* et les modes d'extinction *exceptionis ope*.

5. Le paiement est un des principaux modes d'extinction des obligations, *ipso jure* : *Tollitur obligatio præcipue solutione ejus quod debeatur* (1) ; il est consacré par le droit civil et résout les obligations de plein droit. Il ne faudrait pas considérer cette proposition comme incompatible avec la loi 107, dig. *de solut.* — Pomponius y oppose le paiement à l'acceptilation, considérant le premier comme éteignant l'obligation *naturaliter*, et le second comme produisant cet

(1) Gaius Comment. 3, § 168.

effet *civiliter* : mais ce n'est là qu'une manière de parler qui n'entraîne aucune conséquence juridique; cette diversité dans l'expression n'empêche pas que le paiement ne soit une institution sanctionnée par le droit civil (*ipsum jus.*)

4. D'après le jurisconsulte Paul, le mot *solutio* s'applique à toute espèce de libération, à tous moyens employés par le débiteur pour satisfaire son créancier. — *Satisfactio pro solutione est* (1).

Nous trouvons une interprétation bien plus restreinte dans la loi 49, *de solut.* — Une dette est payée, y est-il dit, lorsque les espèces ont été comptées au créancier.

Solutam pecuniam intelligimus utique naturaliter si numerata sit creditori.

Il ne faut pas conclure de là qu'il y ait contradiction dans les lois romaines, mais seulement que le mot *solutio* y est quelque fois pris dans un sens large, et quelque fois dans une acception moins étendue. Dans le premier cas, sa signification se rapproche de son étymologie : *solvere*, veut dire, en effet, délier, comme obligation vient de *ligare*, expression qui rappelle le mot *nexum* dont on se servait à l'origine pour exprimer énergiquement le lien obligatoire. On comprend donc que tous les modes de libération aient été embrassés dans cette acception étymologique du mot. C'est bien en ce sens qu'est pris le mot *solutio*, dans la loi 54, h. t.: « *Solutionis verbum pertinet ad omnem libe-* » *rationem quoquo modo factam : magisque ad substan-* » *tiam obligationis refertur quam ad nummorum solutio-*

(1) Loi 52, D. *de solut.*

» *nem;* » mais pris dans le sens restreint (*sensu stricto*), il no s'entend que de la remise effective de l'objet promis.

Nous croyons définir le paiement do la manière la plus conforme à l'esprit du droit romain, en disant qu'il consiste dans *la remise effective ou l'exécution réelle d'une chose due.* Cette définition est conforme au sens restreint qui est le plus ordinairement employé dans les textes du droit romain.—Nous disons effective pour distinguer le paiement de l'acceptilation qui n'est qu'un paiement imaginaire. Nous disons *remise* et non pas compte (*numeratio*), pour que notre définition n'ait pas l'air de comprendre seulement le paiement des sommes d'argent, mais aussi le paiement des dettes de toute espèce ; car on peut s'être engagé non seulement à payer des sommes d'argent, mais encore toute autre chose, comme aussi à accomplir un fait.

Maintenant que nous sommes fixés sur la nature du paiement, abordons l'examen des questions qui s'y rattachent.

CHAPITRE II.

Quelles personnes peuvent opérer un paiement.

1. *Tout débiteur qui a la libre disposition de ses biens peut faire un paiement.*

Pour faire un paiement valable, il faut donc que le débiteur puisse transférer la propriété de la chose due : par suite, sont incapables de faire un paiement : les prodigues, les imbéciles, que la loi des Douze tables avait mis sous la curatelle de leur plus proche parent, et auxquels des lois postérieures donnèrent des curateurs nommés par le magistrat, curateurs chargés d'avoir soin de leurs biens et de gouverner leurs affaires. — Ceux qui sont entièrement privés de la raison, ne peuvent, même avec l'autorisation de leur curateur, contracter en aucune manière, et ne peuvent, par conséquent, faire un paiement quelconque.

2. Les pupilles ne peuvent faire un paiement sans l'autorisation de leur tuteur; le pupille ne rendrait pas propriétaire celui entre les mains duquel il opérerait un paiement. L'acte qu'il ferait serait une véritable aliénation, et un pupille ne peut, sans être autorisé de son tuteur, faire un acte d'aliénation. Ces principes sont exprimés dans la loi 14, D. *De solut.* Il en résulte que si le pupille paye, il conservera la propriété et conséquemment le droit de revendiquer tant que la chose sera entre les mains du créancier. Mais si elle vient à être consommée, il y aura lieu alors de suivre la règle *extincta res vindicari non potest.* Le pupille, dans ce cas, sera libéré (1).

3. Le débiteur peut charger un mandataire de payer sa dette; en ce cas, le mandant ne sera libéré qu'autant que le paiement sera fait en son nom. Il n'y aurait pas non plus libération, si le mandataire payait avec l'argent du mandant en son propre nom. La loi 17, D. *De solut.*, décide que ni le mandant ni le mandataire ne seraient libérés : le mandant puisque le paiement n'a pas été fait en son nom, et le mandataire puisqu'il n'a pas pu rendre le créancier propriétaire d'un argent qui n'était pas le sien. Mais la solution devrait être modifiée si le créancier était devenu propriétaire en dépensant la somme reçue; en ce cas, la libération du mandataire envers lui aurait lieu, puisqu'elle n'était empêchée que par l'impossibilité de la translation de propriété, et que cette condition se trouve réalisée

(1) Loi 14, § 8, D. *de solut.*

d'une manière équivalente par la dépense de la somme. Une solution analogue, dans une espèce un peu différente, se trouve dans la loi 47, § 1er, *Mandati vel contra*, Dig.

4. Le paiement peut être fait par un individu qui est sous le poids d'une accusation (*reo criminis postulato*). Cette position ne lui enlève pas le droit de disposer de ses biens (1).

5. *Non seulement le paiement peut être fait par les débiteurs eux-mêmes, mais encore par tous ceux qui veulent acquitter leurs dettes, soit que ces derniers aient intérêt à ce que les débiteurs soient libérés, les coobligés par exemple ou les cautions, soit qu'ils n'y soient intéressés en aucune manière.*

6. La dette peut aussi être payée à l'insu du débiteur, et même contrairement à sa volonté. Cela ressort des dispositions des lois 23 et 40, au D. *h. t. solutione vel judicium pro nobis accipiendo et inviti et ignorantes liberari possumus* (2).

La loi romaine permet donc de payer une dette à l'insu du débiteur et de rendre sa position meilleure, même malgré lui, de telle sorte que le paiement effectué libère le débiteur, qu'il ait ou qu'il n'ait pas donné mandat dans cet objet. Il y a seulement cette différence entre le paiement effectué par un mandataire et le paiement fait par celui qui n'a aucun mandat, que le premier a toujours contre le débiteur l'action *mandati*, tandis que le second ne jouit pas de ce recours; s'il avait payé à l'insu de l'obligé, celui-ci pourrait être actionné par l'action *negotiorum gestorum contraria*. Or, il est inutile de faire observer que les principes du mandat et ceux de la gestion d'affaire ne sont pas com-

(1) Loi 12, D. *de solut.*
(2) Loi 23, D. *h. t.*

plétement identiques, et que dès lors il y a un véritable intérêt pratique à faire la distinction. Le gérant d'affaires qui a fait le paiement doit prouver qu'il a géré utilement sous peine de n'avoir pas de recours. Si le paiement avait été fait mal à propos, il ne pourrait intenter que l'action *de in rem verso*, jusqu'à concurrence du profit qu'en aurait pu retirer le créancier. Cette action appartiendrait même au tiers qui aurait payé *invito debitore*, en vertu du principe que nul ne peut s'enrichir aux dépens d'autrui. Du reste, celui qui paye ne peut forcer le créancier à lui céder les actions qu'il a contre le débiteur, à moins qu'il n'ait acheté la créance. Cette proposition sera développée plus bas.

7. S'il est vrai de dire que le paiement effectué par un tiers pour le débiteur produit la libération de celui-ci, cela ne doit s'entendre que du cas où le paiement a été fait volontairement; car, s'il avait eu lieu par un tiers dans l'erreur, la dette continuerait à subsister, puisque la somme payée pourrait être réclamée par la *condictio indebiti*. C'est ce qui résulte du § 2 de la l. 38, D. *h. t. Cum possessor hæreditatis existimans se hæredem esse solverit, hæres non liberatur : tunc enim proptereà id evenire quod ille suo nomine pecuniam indebitam dando repetitionem ejus habet.*

8. Le codébiteur solidaire, en payant *in solidum*, libère son coobligé; obligés de la même manière, les débiteurs solidaires ont tous également intérêt à l'extinction de la dette.

Cum duo eamdem pecuniam aut promiserint aut stipulati sint, dit la loi 2, D. *De duobus reis, ipso jure et singuli in solidum debentur et singuli debent. Ideoque petitione acceptilatione unius tota solvitur obligatio.*

9. Le débiteur est entièrement libéré par le paiement intégral que fait son fidéjusseur.

La loi 31, au Dig., nous présente cependant une exception à ce principe; elle prévoit le cas où un ouvrier, s'étant engagé à construire lui-même un vaisseau ou à faire tout autre ouvrage, un fidéjusseur ferait le travail pour cet ouvrier sans le consentement du stipulant.

Dans ce cas, nous dit la loi, le fidéjusseur n'opèrera pas la libération de l'obligé principal. La raison en est qu'il s'agit ici d'un fait personnel, qui ne peut être exécuté que par le débiteur lui-même, et que la caution ne peut garantir que le paiement des dommages-intérêts, en cas d'inexécution.

Il est bien vrai que le créancier peut faire exécuter par un autre que le débiteur, quand celui-ci néglige de remplir ses engagements; mais c'est une faculté qui appartient au créancier et non à un tiers sans son adhésion. Il en serait de même, du reste, dans tous les cas analogues à l'hypothèse prévue par la loi 31, c'est-à-dire toutes les fois qu'il pourrait s'agir de la dette *quæ in faciendo consistit*.

10. Le paiement peut être fait par le mandataire général qu'on a chargé de l'administration de sa fortune. *Quoniam cum quis procuratorem omnium rerum suarum constituit id quoque mandare videtur, ut creditoribus suis pecuniam solvat* (1).

11. Le créancier, une fois désintéressé, peut-il être forcé de céder au codébiteur, qui paie les actions qu'il avait contre le débiteur principal?

Il résulterait de la loi 76, Dig., de la loi 1re, au Code *de const. judic. tutelæ* et de la loi 2 au Code *de fidejus-soribus*, que le codébiteur peut bien, au moment où il opère le paiement, forcer le créancier à céder les actions

_____
(1) Loi 87, Dig. *de solut.*

qu'il a contre le débiteur principal ; mais que depuis le paiement, non seulement le créancier ne peut être forcé à cette cession, mais que cette faculté de céder n'existe pas même pour lui, puisque, après le paiement, il n'y a plus d'action existante. *Nihil ea cessione actum, quod nulla actio superfuerit* (1).

Barthole avait même dépassé cette conclusion, en soutenant contrairement aux lois de la justice, qu'il était loisible au créancier de céder les actions qu'il avait contre le débiteur, mais qu'il ne pouvait y être forcé en aucun temps ni en aucune manière. Mais cette opinion est inadmissible comme contraire à la justice et au texte de la loi : à la justice, puisqu'il est évident que le codébiteur, en s'engageant, a dû compter sur son co-débiteur et sur les sûretés qu'il avait fournies ; au texte, car la loi 76 est on ne peut plus positive.

Lex. 76. *Modestinus*, disait Dumoulin *in prima præ-lectione Dolana* (§ 21), *est clarissima, facillima et æquis-sima, nihil addendo nec detrahendo textui ut omnes ad usque fecerunt jura non exponendo sed conturbando, et quam plurimas leges contrarias imo absurdas faciendo.*

La divergence d'opinions entre les auteurs entraîna, dans notre ancienne législation, des jugements qui se contrariaient, et les créanciers se refusaient dès lors à consentir des subrogations ; c'était une sentence du juge qui les ordonnait.

Un arrêt solennel du parlement de Paris, de 1690, mit fin à cet état de choses, et telles furent les règles qu'il établit.

Pour qu'il pût y avoir subrogation, il fallut que la stipulation précédât le paiement et que la convention fût constatée.

---

(1) Loi 77, D. *de solut.*

L'acte qui était dressé devait prouver clairement que celui qui effectuait le paiement avait compté les espèces avec la certitude d'être subrogé aux droits primitifs du créancier.

Il ne fut plus dès lors nécessaire de demander la cession au créancier ou de paraître en justice pour l'obtenir (1).

CHAPITRE XII.

Quelles personnes peuvent recevoir un paiement ?

1. Le paiement peut se faire, non seulement entre les mains du créancier, mais encore entre les mains de toute autre personne ; mais, dans ce dernier cas, il faut le consentement exprès ou tacite du créancier, et le paiement opéré, contrairement à sa volonté, ne serait pas valable.

(1) Pour succéder et être subrogé aux droits, actions, hypothèques et privilèges d'un ancien créancier sur les biens de tous ceux qui sont obligés à la dette ou de leurs cautions, et pour avoir droit de les exercer en la manière que les créanciers l'auraient pu faire, il suffit que les deniers de l'ancien créancier soient fournis à l'un des débiteurs avec stipulation, faite par acte passé pardevant notaires, qui précède le paiement, ou qu'il soit de même date, que le débiteur emploiera les deniers au paiement de l'ancien créancier ; que celui qui les prête sera subrogé aux droits dudit ancien créancier, et dans la quittance ou l'acte qui en tiendra lieu, lesquels seront aussi passés pardevant notaire, il soit fait mention que le remboursement a été fait des deniers fournis à cet effet par le nouveau créancier, sans qu'il soit besoin que la subrogation soit consentie par l'ancien créancier ni par les autres débiteurs ou cautions, ou qu'elle soit ordonnée par justice.—Fait à Paris, en parlement, le 6 juillet 1690 (BAILLON, *Dictionnaire des arrêts*, ome 3, p. 603).

De ces principes se déduisent les conséquences suivantes :

2. 1° Le paiement peut se faire entre les mains d'un mandataire, que le mandataire ait reçu un mandat général pour l'administration des biens, ou un mandat spécial pour la réception du paiement(1); mais le mandat donné à l'effet de soutenir un procès en justice ne suffit pas pour autoriser le mandataire à recevoir la somme due au mandant. *Hoc jure utimur ut litis procuratori non recte solvatur* (2).

2° Le paiement peut être fait valablement entre les mains du mandataire, même après la mort du mandant, pourvu que le débiteur soit de bonne foi et qu'il ignore la mort du créancier. La loi 52, D. h. t. le dit d'une manière formelle ; elle donne en outre la même solution dans plusieurs cas analogues où le paiement est validé en raison de la bonne foi du débiteur.

5. Le paiement pouvait-il être fait à un *negotiorum gestor*? La libération n'avait lieu, en ce cas, qu'autant que le créancier ratifiait l'opération. En attendant la ratification qui aurait régularisé le paiement, le débiteur pouvait intenter la *condictio* contre le gérant d'affaires, car il avait payé pour arriver à la libération et son but n'a pas été obtenu ; c'est donc le cas d'accorder la *condictio ob rem dati re non secuta* (3).

Le paiement fait à un *negotiorum gestor* pouvait être validé ultérieurement par la ratification du créancier; cette approbation produisait un effet qui régularisait la libération d'une manière rétroactive. Par conséquent si le créancier, ignorant qu'un semblable paiement a eu

(1) Loi 12, D. *de solut.*
(2) Loi 80, D. *h. t.*
(3) Loi 58, D. *h. t.*

lieu, fait acceptilation à l'esclave ou au fils du débiteur, la ratification qui sera faite dans la suite du paiement primitif anéantira l'acceptilation. *Confirmetur solutio et quod acceptum latum sit nullius momenti est* (1).

4. Lorsqu'il y avait des *correi stipulandi*, le paiement fait à l'un deux entraînait la libération du débiteur envers tous. Mais si on avait remis l'argent au gérant d'affaires de l'un, cela pouvait produire un résultat bizarre; car un second paiement fait à l'autre créancier, n'aurait pas été immédiatement valable; sa validité dépendait en effet de la ratification du premier paiement; s'il était ratifié, le second paiement ne pouvait subsister, deux paiements ne pouvant concourir pour la même dette, *in pendenti est posterior solutio ac prior, quippe incertum est debitum an indebitum exegerit* (2).

5. Le paiement peut être fait au tuteur (3).

6. Le débiteur peut se libérer entre les mains de l'esclave, même à l'insu du propriétaire, lorsqu'il s'agit d'une dette contractée *peculiari nomine*; en ce cas, le débiteur transfère au propriétaire de l'esclave les sommes données en paiement par l'intermédiaire qui ne peut rien acquérir pour lui; si un esclave en fuite prête de l'argent volé au maître avant sa disparition, l'emprunteur sera tenu envers le propriétaire de l'esclave: mais aussi, en payant aux mains de celui-ci, il sera libéré parce que le maître acquiert la somme payée. Si, au contraire, le paiement était fait entre les mains d'un tiers par l'ordre de cet esclave, qui se fait passer pour libre, la libération n'aurait pas lieu; car le maître n'a pas été rendu propriétaire de la somme payée par la tra-

(1) Loi 7, § 2, Dig. *de solut.*
(2) Loi 58, § 2, Dig. *h. t.*
(3) Loi 14, § 1 et suiv. jusqu'au § 8, Dig. *h. t.*

dition faite à un délégué qui n'est pas sous sa puissance. C'est ainsi, en matière de pécule, que l'esclave a la capacité nécessaire pour exiger le paiement, tandis qu'il est incapable de nover ou de déléguer (1).

7. Le paiement peut être fait valablement entre les mains du donataire du créancier, quand le dernier a manifesté au débiteur l'intention de faire la libéralité. Mais si le créancier donne à son débiteur l'ordre d'effectuer le paiement entre les mains de sa femme, à qui il veut faire une donation, la libération s'ensuivra-t-elle ? La loi 58, D. h. t. semblerait faire admettre la négative, *cum maritus uxori donaturus debitorem suum jubeat solvere, quia nummi mulieris non fiunt, debitor non liberatur.* — Mais l'opinion d'Ulpien est plus conforme à la justice; les espèces, nous dit Ulpien (2), ne deviennent pas légalement la propriété de la femme ; car les donations sont prohibées entre époux, mais on admet que le débiteur est libéré, et que la propriété est acquise au mari. Car, en décomposant l'opération unique qui s'est accomplie, on y trouve deux traditions qui ont été réunies en une seule, *celeritate conjungendarum actionum.* Les choses doivent donc se passer comme si le débiteur avait d'abord payé au mari, ce qui aurait été un fait complétement régulier, et qu'ensuite le mari eût livré à la femme. Sans doute, cette dernière partie de l'acte aurait été nulle, mais sa nullité n'aurait pas réagi sur la première dont les effets auraient continué de subsister.

8. Un créancier a pu s'adjoindre, pour recevoir le paiement, une autre personne. Cette personne prenait le nom de *adjectus solutionis gratiâ.* Elle n'était adjointe

(1) Loi 19, dig. *de solut.*
(2) Loi 3, § 12, *de donat. inter vir. et ux.*

que pour recevoir le paiement offert par le débiteur, et c'est à cela que son pouvoir était borné ; car l'*adjectus* n'avait pas le droit de disposer de la créance, soit en novant, soit en faisant acceptilation ; il ne pouvait même pas agir contre le débiteur, pour exiger le remboursement. *Nec petere, nec novare, nec acceptum facere potest; tantumque ci'solvi potest* (1). En cela l'*adjectus* se distingue profondément du mandataire ; car celui-ci a pouvoir de poursuivre le remboursement et de faire tous les actes nécessaires à la conservation et à l'exécution de la créance. Il y a encore cette différence que le mandataire est sujet à révocation, et que le débiteur ne peut plus payer entre ses mains, dès que les pouvoirs lui sont retirés. Au contraire, la faculté de payer entre les mains de l'*adjectus solutionis gratiâ* est un droit acquis en vertu du contrat, et le créancier n'a pas le droit d'enlever cet avantage au débiteur. *Quia certam conditionem habuit stipulatio quam immutare non potuit stipulator* (2). Du reste, s'il existait des différences entre le mandataire et l'*adjectus*, il y avait aussi entre eux quelques points communs ; ainsi l'*adjectus*, qui ne pouvait pas être révoqué expressément par le créancier, l'était cependant de plein droit par la mort qui mettait fin au rôle de l'*adjectus* comme à celui du mandataire. Le paiement ne pouvait donc plus être fait qu'au créancier après le décès de l'*adjectus*. C'est ce qui résulte de la loi 81, pr. Dig. h. t.

Cependant le mandat lui-même ne serait pas, dans certaines circonstances, révoqué par le décès. Ainsi, je suppose que Titius ait stipulé par mon ordre, le paiement pourra lui être fait valablement, puisqu'à l'égard

---

(1) Loi 10, dig. *de solut.*
(2) Loi 12, § 3, dig. *h. t.*

du promettant il est le seul créancier. Cette position ne
serait pas changée par la mort du mandant, parce que
le stipulant ayant seul le droit d'exiger le paiement et
de le recevoir, ses héritiers doivent avoir la même
faculté pour que l'obligation ne s'éteigne pas.

9. L'*adjectus solutionis gratia* pouvait du reste être
adjoint au contrat comme donataire, afin de ne pas faire
deux traditions qui pouvaient être réduites à une seule,
celeritate conjungendarum actionum. Cette circonstance
a donné lieu à une distinction qui résulte de la combi-
naison des lois 27 et 33, pr. *h. t.* avec la loi 131 , § 1
de verborum obligationibus. Lorsque le créancier adjoint
l'a été uniquement pour recevoir le paiement et comme
mandataire du créancier principal, la tradition de la
chose entre ses mains n'empêchera pas le véritable
créancier d'agir à son tour tant qu'il y aura intérêt;
ainsi, par exemple, il pourrait réclamer la garantie pour
éviction dans le cas où il y aurait lieu... Mais si l'*adjectus*
était un mandataire dispensé de rendre compte, c'est-à-
dire, un donataire chargé de recevoir pour lui-même,
le créancier principal n'aurait aucune action à intenter
une fois la tradition faite; car il est sans intérêt pour
lui même, le donataire n'ayant pas d'action récursoire
contre lui.

10. Le paiement ne pouvait être fait entre les mains
de l'*adjectus* qu'antérieurement à la *litis contestatio,* (*ante
litem contestatam*); car il n'aurait pu être fait postérieure-
ment à cette période du procès, à cause de la novation
qui en résultait. *Si mihi aut Titio stipulatus fuero dari,
deindè petam, amplius Titio solvi non potest* (1).

11. L'*adjectus* pouvait être ajouté à une stipulation

(1) Loi 57, § 1, dig. *de solut.*

de deux manières ; ou bien, en effet, cette personne pouvait elle-même être un créancier accessoire qui devait recevoir le paiement pour son propre compte, et sur la capacité duquel il y avait lieu de régler la validité de l'opération ; c'était l'*adjectus obligationis gratiâ* ; ou bien il était ajouté seulement pour recevoir le paiement à la charge de rendre compte *solutionis gratiâ* : dans ce dernier cas, ce n'était point sur l'*adjectus* que devaient être réglées les conditions exigées pour la régularité du paiement, même quand l'argent était versé entre ses mains. — Cette distinction se trouve dans un texte du digeste. *Et in proposito manifestum est non obligationis sed solutionis gratiâ filii personam adjectam* (1). Des résultats pratiques importants peuvent découler de cette différence. Si on suppose que l'*adjectus* est pupille, il pourra recevoir lui-même le paiement sans engager sa responsabilité, parce que le créancier doit s'imputer d'avoir choisi un *adjectus* de cet âge. Il en serait autrement de l'*adjectus obligationis causâ* ; celui-ci ne pourrait recevoir le paiement, puisqu'il est personnellement intéressé, et le débiteur ne pourrait se libérer valablement qu'entre les mains du tuteur (2).

12. Le créancier peut s'adjoindre un pupille sans l'autorisation de son tuteur ; car un pupille peut recevoir un mandat, et s'il le remplit mal, le mandant ne peut s'en prendre qu'à lui-même d'avoir fait un mauvais choix ; mais si le pupille n'est pas *adjectus solutionis causâ*, le paiement ne peut pas lui être fait pour ce qui lui est dû personnellement, parce que le pupille n'a pas le droit de disposer de sa créance ; d'ailleurs, en lui remet-

(1) Loi 95, § 5, D. *de solut.*
(2) Loi 95, § 7, D. *de solut.*

tant l'argent, le créancier lui fournirait le moyen dangereux de dépenser la somme payée, et le législateur a voulu protéger le pupille contre cette tentation. Il en résulte que le débiteur ne cesse pas d'être tenu envers le créancier, et que celui-ci peut le poursuivre pour obtenir un second paiement. Néanmoins le principe que nul ne peut s'enrichir au détriment d'autrui ne permet pas d'accorder une action efficace au mineur qui aurait profité pour s'enrichir du premier paiement. En ce cas le pupille sera écarté par l'exception de dol, soit pour le tout, soit jusqu'à concurrence de ce qui aura tourné à son profit (1).

Mais à quelle époque faut-il se reporter pour apprécier si le pupille a été ou non rendu plus riche ; car cet effet peut disparaître après avoir été produit. La loi 47, Dig. h. t. nous apprend qu'il faut se reporter au moment de l'action : *tempus quo agitur inspicitur.*

Il nous semble cependant que cette solution ne devrait pas être admise, si l'action était intentée après que le pupille ayant cessé de l'être, est devenu capable de recevoir le paiement ; s'il était démontré que l'argent n'a été dépensé que depuis, et que le pupille n'a été prodigue qu'après la cessation de son incapacité, il faudrait s'écarter de la disposition de notre loi.

13. Lorsqu'un débiteur devait payer un objet indivisible à plusieurs créanciers, il avait le droit de payer à celui qui agissait contre lui, et ce paiement avait pour effet de le libérer à l'égard de tous. Ainsi, Titius reçoit en dépôt un objet déterminé qui n'est pas susceptible de division, et le déposant meurt laissant plusieurs cohéritiers ; l'un actionne le débiteur en restitution. Sans doute, il agira prudemment en demandant au Préteur

(1) Loi 13, D. *de solut.*

de sanctionner le paiement fait aux héritiers demandeurs; mais il n'en sera pas moins libéré, s'il ne prend pas cette précaution, pourvu qu'il paie de bonne foi *sine dolo malo*, c'est-à-dire sans colluder avec des cohéritiers demandeurs pour faire perdre leurs droits à ceux qui n'ont pas agi *(1)*.

14. Le débiteur pourra effectuer le paiement entre les mains de l'*adjectus solutionis causâ* et être libéré quand même cet *adjectus* ne serait pas personnellement capable de recevoir un paiement dans son propre intérêt. Ainsi, la loi 9, dig. h. t., prévoit le cas où ce créancier a pris pour *adjectus solutionis gratiâ* un esclave.

Dans ce cas, le paiement ne peut être fait qu'à l'esclave et non à son maître.

La raison en est que le maître n'a pas reçu le mandat, et que ce pouvoir a été donné à l'esclave lui-même. Or la confiance, qui est le fondement du mandat, est personnelle à l'esclave.

15. Il peut arriver que celui que le créancier s'est adjoint ait subi un changement d'état. — Dans ce cas, peut-il recevoir le paiement? Les lois romaines ne s'accordent point sur ce point. D'après la loi 38, h. t., le paiement ne pourrait pas s'opérer entre ses mains; car la stipulation faite, entre le créancier et le débiteur, est faite avec la condition tacite que les parties seront, au moment du paiement, dans la position où elles étaient au moment où l'obligation a été contractée. Cette opinion peut être rigoureusement conforme aux principes; mais elle entraînait dans beaucoup d'injustices contraires aux prévisions naturelles des parties. Aussi préférerons-nous dire, avec Papinien, que le changement d'état subi par une personne ne lui enlève pas la faculté

(1) Loi 81, § 1, *D. de solut.*

de recevoir un paiement. Je stipule, par exemple, pour moi ou mon fils; le paiement pourra s'effectuer entre ses mains, soit qu'il reste en ma puissance, soit qu'il soit émancipé.

« *Titio capite diminuto facultas solvendi Titio non in-* » *tercidit : quia et sic stipulari possumus : Mihi aut Titio* » *cum capite minutus erit dari.* » (1)

16. Le paiement ne pouvait pas être fait au fou (2).

17. La position d'accusé (*reus criminis postulatus*), n'enlevait pas le droit de recevoir le paiement, *Reo criminis postulato interim nihil prohibet recte pecuniam a debitoribus solvi, alioquin plerique innocentium neces- sario sumptu egebunt.*

CHAPITRE IV.

Quelles choses peuvent faire l'objet d'un paiement?

1. Le paiement doit être fait de la chose même qui est due, et il ne dépend pas du débiteur d'y substituer un autre objet; ainsi, si la dette est d'une somme d'ar- gent, c'est une somme d'argent qui devra être res- tituée.

Le paiement doit toujours comprendre des choses de même espèce et de même genre; on ne pourra pas donner, par exemple, du blé pour du vin; on ne pourra pas faire autre chose que ce qu'on a promis de faire, ni donner la valeur de la chose pour la chose elle- même.

2. Pour ce qui est des espèces monétaires, on n'est

(1) Loi 95, § 5 et 6. D. *de solut.*
(2) Loi 68, D. h. t.

pas obligé de payer en monnaies absolument semblables à celles qui ont été données; ainsi, on peut payer en espèces d'un métal différent de celles qui avaient été fournies, mais il faut que la valeur des premières égale celle des secondes et qu'il ne doive résulter de ce changement aucun dommage pour le créancier. — S'il y a eu un changement dans la valeur des monnaies; si, par exemple, des monnaies plus légères ont été substituées aux anciennes, peut-on payer en monnaie nouvelle lorsqu'on avait reçu des monnaies sans alliage, ou bien doit-on tenir compte de la différence matérielle qu'il peut y avoir entre les unes et les autres? La première opinion nous paraît devoir être admise de préférence, et nous ne pensons pas que la loi 99, *de solut.*, puisse y faire obstacle. Elle dit bien, sans doute : *Creditorem non esse cogendum in aliam formam nummos accipere, si ex ea re damnum aliquid passurus sit;* mais d'abord nous ne supposons pas que la forme du numéraire ait changé, puisqu'il s'agit d'un simple alliage ; d'un autre côté, nous ne voyons pas quel préjudice pourrait en éprouver le créancier, car il pourra payer avec un numéraire nouveau, comme il l'aurait pu avec l'ancien, et en retirer absolument la même utilité. Sans doute, la monnaie nouvelle vaudra moins comme lingot, mais la dette a pour objet du numéraire et non des lingots. D'ailleurs, la solution inverse aurait le grand inconvénient de contrarier les mesures de la puissance publique et de paralyser des dispositions qu'elle aurait considérées comme nécessaires à l'intérêt général.

La loi précitée veut dire que, si le créancier a intérêt à être payé dans une certaine monnaie, on ne pourrait le forcer à en recevoir une autre, de manière à ce qu'il en éprouvât un préjudice; par exemple, si on avait promis une monnaie légère à un créancier prêt à se mettre en voyage, on ne pourrait pas le forcer à recevoir une monnaie lourde qui l'embarrasserait. Mais dans l'espèce la forme n'est pas changée, et nous supposons seulement que la puissance publique, dans une pensée dont elle doit être le juge souverain, a changé la condition d'alliage.

3. On ne peut, quand on opère un paiement, donner une chose pour une autre contre la volonté du créancier. Nous trouvons de cette règle une application intéressante à étudier dans la loi 29, h. t. On y suppose que les esclaves Stichus et Pamphile ont été promis à l'esclave commun de deux propriétaires; ceux-ci deviennent créanciers en vertu de cette stipulation d'un droit indivis sur chacun des esclaves promis. Le débiteur ne pourrait donc pas se libérer en payant Stichus à l'un des créanciers et Pamphile à l'autre, car aucun n'était créancier exclusif de l'un des esclaves, et chacun avait droit à une moitié indivis sur l'un et l'autre des objets promis. On comprend, du reste, que la question peut avoir une grande importance pratique; car, si les esclaves avaient une valeur inégale, le mode de paiement aurait la plus grande importance. Il n'en serait pas de même si, au lieu d'objets déterminés, c'était de l'argent ou toute autre chose fongible qui eût été promis; car, en ce cas, la division entre les deux créanciers se serait opérée de plein droit.

4. Le débiteur peut cependant avoir acquis le droit de payer autre chose que ce qu'il a reçu. Ce droit peut résulter, par exemple, d'une disposition testamentaire faite en sa faveur ou bien de conventions.

Il arrive aussi que les choses dues ne peuvent pas

rigoureusement être payées. Dans le cas, de la perte de la chose, le débiteur ne peut être obligé qu'à en donner la valeur, en tant cependant que la perte puisse être imputée à sa négligence ou à sa faute, car si elle était survenue par cas fortuit, il y aurait lieu d'appliquer la maxime *debitor certi corporis liberatur interitu rei.*

Le débiteur peut encore se trouver dans l'impossibilité de remplir ses engagements, ou bien ne pouvoir, sans subir un dommage notable, payer la dette à laquelle il est tenu. — *Qui confitetur se quidem debere, justam autem causam adfert cur utique præstare non possit, audiendus est* (1).

L'héritier chargé de livrer à un légataire la chose d'autrui expose que le maître ne veut pas la vendre ou qu'il en demande un prix déraisonnable; ou bien encore : l'esclave légué à un tiers faisant partie d'une succession est le père, ou la mère, ou le frère de l'héritier.

Dans ces divers cas, l'équité veut que le juge admette le débiteur à offrir la valeur de la chose.

La détresse du débiteur peut encore être une cause de non paiement de sa part. Suétone rapporte une loi de Jules César, qui permettait aux débiteurs dans la détresse d'offrir leurs biens à leurs créanciers pour la valeur que ces biens avaient avant la guerre civile (2).

Justinien a reproduit cette disposition dans une de ses *Novelles*, en établissant que les biens du débiteur qui n'a pas d'argent pour se libérer passeront au créancier.

(1) Loi 74, D. *De legatis*

(2) *Vie de Jules César*, chap. XLII.

Quod autem de cætero humanis auxiliatur, curis licet quibusdam debitoribus non forte sit gratum a nobis, tamen propter clementiam sancitur; si quis enim mutaverit aurum debitoris substantiæ credens : at ille ad restitutionem auri non sit idoneus, substantiam autem immobilem habeat, verum creditor ardeat aurum omni modo quærens: illi vero non sit facile neque ulla mobilis substantia: damus enim creditori licentiam valenti immobiles res accipere pro auro. Rerum verò datio sit hujus modi: quæcumque quidem meliora sunt dantur. Creditori, quæ vero deteriora apud debitorem post debiti solutionem manere.

Hoc nos clementer simul et legaliter decidentes et infelicibus debitoribus auxiliamur, et acerbis creditoribus non apparebimus duri (1).

5. Le paiement peut être de toute autre chose que ce qui a été prêté, pourvu que ce soit du consentement du créancier. Alors le débiteur est libéré, pourvu toutefois qu'il puisse transférer au créancier la propriété de la chose, si bien qu'on ne puisse plus revenir sur cet acte.

Le créancier ne peut être forcé à recevoir une partie de la chose promise; cependant, s'il accepte le paiement partiel, la libération partielle est produite. Nous trouvons à ce sujet dans la loi 9, § 1, D. h. t., une distinction ingénieuse : — Si j'ai promis l'esclave Stichus et que je transfère au créancier, qui l'accepte, la moitié de ma propriété sur cet esclave, je suis libéré pour moitié; que si, au contraire, je suis débiteur d'un esclave *in genere*, en transférant la moitié de la propriété de Stichus, je ne suis même pas libéré pour moitié. La raison en est que, dans le premier cas, le créan-

(1) *Novelle* 4, chap. 3.

cier ayant droit à réclamer un esclave déterminé, aura une action pour réclamer la moitié qui est restée entre les mains du débiteur. Dans le second, au contraire, l'esclave étant dû d'une manière indéterminée, le créancier n'aurait pas d'action pour réclamer l'autre moitié de Stichus ; car, n'ayant eu droit qu'à un esclave *in genere* dès le principe, il n'a droit également qu'à la moitié d'un esclave après le paiement partiel. Mais il faut que cette libération partielle ait été acceptée volontairement par le créancier dès l'origine. Il en serait autrement si ce fractionnement était la conséquence forcée d'événements postérieurs ; ainsi, le créancier, après avoir accepté à titre de *datio in solutum* une chose qui n'avait pas été primitivement promise, est évincé d'une partie de l'objet, l'obligation renaît toute entière, et le débiteur ne peut même pas invoquer une extinction proportionnelle à la part qui reste aux mains du créancier, car celui-ci n'aurait peut-être pas consenti, quand les choses étaient entières, à recevoir son paiement partie en nature, partie en argent : « *Nam non accepisset re integra creditor, nisi pro solido* » *jus fieret;* » ou bien encore : « *tunc ergo res pro re* » *solutâ liberationem præstat quum pro solido facta est* » *suscipientis* (1). »

Le créancier reprenant sa qualité primitive, il en résulte que la portion qui ne lui a pas été enlevée par l'éviction est sans motif entre ses mains. Par conséquent, s'il exerce son droit de poursuite, le débiteur pourra intenter à son tour la *conditio ob rem dati re non secuta.*

6. Pour que la libération ait lieu, il faut que le créancier ne soit pas exposé à être évincé. Néanmoins,

_____

(1) Loi 46, D. *De solut. proœm.* et § 1.

ce paiement irrégulier éteindrait l'obligation *ex post facto* si la cause d'éviction venait à s'effacer : *sed si usus- fructus interierit vel dissoluta fuerit pignoris obligatio, existimo procasuram liberationem* (1). C'est à cette idée que se rattachent les cas prévus dans la loi 94, § 2. Si un fidéjusseur paie avec l'argent d'autrui, il ne procure pas immédiatement la libération, parce que cet argent peut être réclamé par le propriétaire, mais dès que l'argent aura été dépensé, le créancier ne pouvant plus réclamer utilement, le fidéjusseur pourra recourir contre le débiteur principal par l'*actio mandati contraria*. Il en serait de même si le fidéjusseur avait payé avec de l'argent volé. Dès qu'il aura satisfait à l'*actio furti* et la *conditio furtiva*, il pourra recourir par l'action *mandati contraria* contre le débiteur; car celui-ci n'a pas à s'inquiéter de l'origine de la libéra- tion; et pourvu que la libération ait eu lieu, il est soumis au recours (2).

7. Si la dette est alternative, le paiement peut être fait avec l'une ou l'autre des deux choses promises. Le choix entre les objets appartient tantôt au créan- cier, tantôt au débiteur. Dans le premier cas, si l'un des objets promis vient à périr, l'autre continue à être dû et peut seul être réclamé. Cependant si le débiteur avait été mis en demeure de livrer l'objet qui a péri, le créancier aurait le droit de réclamer la valeur, parce que le débiteur avait été constitué en faute par la mise en demeure. Si le débiteur a le droit de choisir et qu'il fasse périr l'un des objets, celui qui reste sera dû sans qu'il soit loisible d'offrir la valeur de l'objet qu'il a fait périr, dans le cas où elle serait

(1) Loi 69, D. *De solut.*
(2) Loi 98, *proœm. de solut.*

inférieure. Il pourrait arriver aussi que le second objet vînt à périr; en ce cas, l'obligation serait éteinte par l'extinction totale de l'objet, mais le débiteur pourrait être actionné par l'action *de dolo*, à l'effet de payer le prix de la chose qu'il a fait périr (1).

CHAPITRE IV.

En quel lieu et en quel temps doit être fait le paiement.

§ 1.

1. Quels sont les droits du créancier et du débiteur relativement au lieu où doit être exécutée l'obligation?

Prenons d'abord le cas le plus ordinaire, celui où le contrat renferme une désignation de lieu. L'un des contractants a promis à Capoue de payer à Éphèse : c'est à Éphèse et non pas à Capoue qu'il pourra être assigné.

Si nous trouvons dans quelques textes (2) les mots *ubique, quocumque*, nous reconnaîtrons que les auteurs de ces lois ont voulu dire, non que l'exécution pourrait se faire en tout lieu, mais que si le lieu désigné n'était pas convenable, elle pourrait se faire dans tout autre, et l'exécution être poursuivie partout (3).

2. Le créancier ne peut demander à être payé que dans le lieu convenu. Ce n'est que dans le cas où il y a *judicium bonæ fidei* que le créancier peut, si la dette est échue, poursuivre le paiement ailleurs que dans le lieu désigné, par ex. au domicile du débiteur; mais

(1) Loi 95, *proæm.* et § 1 et 2, D. *De solut.*
(2) Loi 16, § 1, *De constituta pecunia.*
(3) Loi 13, D. *de judicio.*

celui-ci ne devra pas souffrir de préjudice, et la valeur de la chose sera celle qu'elle aura au lieu désigné.

Si l'obligation est *stricti juris*, le préteur donne une action utile, dont la nature est arbitraire.

Cette action devait être introduite par le Préteur, parce que, dans les actions *stricti juris* l'*arbitrium* n'était pas de l'essence de l'action, comme dans les *judicia bonæ fidei*.

3. Dans l'action arbitraire qui nous occupe, le *judex* sera maître d'accorder plus ou moins que ce qui était promis, suivant les circonstances, suivant les temps et les lieux, en ayant égard au préjudice et aux avantages qu'ont pu éprouver les parties contendantes.

Ainsi, il faudra avoir égard, en ce qui concerne le débiteur qui est assigné ailleurs que dans l'endroit convenu, au prix de certains objets qui varient de pays à pays, qui ont bien plus de valeur une année qu'une autre.

In arbitrium judicis refertur hæc actio, quia scimus quam varia sint pretia rerum per singulas civitates regionesque, maxime vini, olei, frumenti (1).

De même, ajoute Gaius, dans la loi 3, on trouve de l'argent à un taux moins élevé dans un lieu que dans un autre.

Le juge devra tenir compte aussi du dommage qui sera résulté pour le créancier du retard du débiteur, des profits qui lui auront échappé par suite du même retard.

4. Ce n'est pas seulement contre le débiteur principal, qui a promis de payer dans un lieu déterminé, que

_____

(1) Loi 3, *D. de eo quod certo loco.*

dovra être intentée l'action arbitraire, mais encore contre son fidéjusseur (1).

Le *judex* arbitrera comme pour le débiteur principal; mais le fidéjusseur ne pourra être assigné que lorsqu'il se sera écoulé un laps de temps suffisant pour permettre au débiteur de se rendre dans le lieu désigné; mais le retard du débiteur ne peut avoir pour le fidéjusseur aucune conséquence (2).

5. Si le titre de l'obligation ne fait aucune mention du lieu où doit se faire le paiement, c'est au lieu de la convention que doit être exécuté le contrat, car les parties sont censées avoir voulu s'y référer.

Si les circonstances fesaient que l'obligation ne pût pas s'exécuter en ce lieu, les offres et les demandes pourraient être faites en tout autre lieu.

Telle est la règle pour les genres ou les choses fongibles. Quant aux corps certains qui doivent faire l'objet d'une restitution ou d'une revendication, le paiement doit se faire là où se trouve la chose, sans dol de la part de l'obligé, au moment de la *litis contestatio*.

6. Plusieurs lieux ont pu être désignés conjointement pour un paiement, dans le cas, par exemple, d'une stipulation, en ces termes : « Je donnerai dix à Éphèse et à Rome. » La stipulation est divisée, et une partie de la somme sera seule payée dans chacun des endroits désignés pour le paiement.

Il y aurait plus-pétition, si on demandait la totalité

(1) Loi 8, D. *h. t.*

(2) Loi 8 et 9, D. *h. t.*

de la somme due dans un endroit, sans faire mention
de l'autre lieu où, d'après la convention, une partie de
la somme devait être payée.

7. Il est un cas où la partie la plus diligente a le
choix du lieu du paiement ; c'est le cas où l'alternative
est établie. Ainsi, le débiteur aura promis de payer à
Éphèse ou à Capoue. Bien que, relativement aux
choses, le choix appartienne au débiteur dans le cas
où l'alternative existe (1), c'est le créancier qui a le
choix lorsque l'alternative est dans les lieux, pourvu
toutefois qu'il ne se laisse pas prévenir par le débiteur.
Si le débiteur était libre de choisir le lieu du paiement, il éluderait la demande, et le créancier serait à
sa merci.

8. Lorsqu'il y a alternative relativement au lieu où
doit se faire le paiement et en même temps relativement aux choses qui font l'objet de l'obligation ; par
exemple : « Je promets dix à Éphèse et un esclave à
Capoue. » Le choix appartient au créancier ; et ainsi
le pouvoir de choisir le lieu du paiement entraîne pour
lui la faculté de choisir la chose, car c'est dans un
lieu déterminé que doit être payée une chose certaine.
Il y a indivisibilité entre le lieu et la chose.

Le créancier, après avoir accepté le paiement d'une
dette ailleurs que dans le lieu désigné, ne peut plus rien
exiger sous prétexte de non exécution complète du
contrat; car en acceptant le principal, il est censé avoir
remis à son débiteur tout ce qui pouvait lui être dû,
soit à titre de peine, soit à titre d'intérêt, et le juge qui
aurait pu condamner ce dernier, pour dommage causé

(1) Loi 10, § ult. dig. De jure dotium. — Loi 75, § 8, D. de
cerborum oblig.

au créancier par changement de lieu, n'a plus à pronon:er par le seul fait de cette acceptation.

M's il faut que le paiement ait été fait au vu et su du créancier, pour qu'en recevant le paiement du principal il soit censé avoir libéré le débiteur pour tout le reste. Mais si c'est à son insu, le créancier conservera son droit, soit dans les contrats de bonne foi, soit dans les contrats de droit strict, et même, si en acceptant le capital, il déclare ne pas remettre ce qui pourrait lui être dû en sus par le débiteur pour les intérêts ou pour le dommage causé.

§ 2.

Le temps du paiement, quand il s'agit d'une obligation pure et simple, est celui qui est déterminé par un titre ou par la loi d'une manière formelle.

Dans le cas où le temps n'est pas déterminé, le paiement peut être fait, l'exécution de l'obligation peut être demandée sans retard et en tout moment, excepté :

1° Lorsqu'il s'agit d'un travail qui ne peut pas être exécuté en tout temps ;

2° Lorsque la loi fixe un certain temps ;

3° Lorsque le juge peut accorder un délai, ce qui ne lui appartient pas en règle générale ; il l'accorde, par exemple, lorsqu'il est absolument nécessaire pour qu'on puisse se rendre d'un lieu dans un autre.

Il est à remarquer que, pour pouvoir exiger le paiement d'une obligation pure et simple, il faut, dans tous les cas, un débiteur déterminé à qui l'on puisse s'adresser.

L'obligation à terme ne doit être payée, et l'exécution

n'en peut être demandée que lorsque le terme est entièrement écoulé. Celui qui a promis de payer dans un temps déterminé, dit Molitor, ne peut être poursuivi qu'après l'expiration entière de ce temps; et si le terme n'est pas ajouté dans son intérêt, ce qui arrive quelquefois, il ne pourrait faire valablement des offres de paiement avant l'expiration de ce temps.

L'obligation conditionnelle ne peut être payée, et l'exécution valablement demandée, que lorsque la condition est accomplie.

Enfin, si l'obligation est à la fois conditionnelle et à terme, il faut qu'avec l'accomplissement de la condition le terme soit expiré.

CHAPITRE V.

Imputation du paiement.

Quelle est l'obligation qui est éteinte par le paiement?

Quelle est la dette sur laquelle, à raison de sa cause, doit se faire l'imputation?

1. Le débiteur, qui fait un paiement à l'un de ses créanciers, a la faculté de déterminer quelle est la dette qu'il veut éteindre : *possumus certam legem dicere ei quod solvimus* (1). Mais d'après la loi 1re, au Cod. h. t., le débiteur n'a cette faculté qu'au moment où il effectue le paiement; après ce paiement effectué, il n'a plus cet avantage. — *In potestate ejus est qui ex pluribus contractibus pecuniam debet tempore solutionis exprimere in quam causam reddat.* Si au moment du paiement le débiteur

_____
(1) Loi 1re, D. *de solut.*

n'a point indiqué la dette qu'il veut éteindre, le créancier peut-il faire l'imputation sur la dette de son choix, cette dette fût-elle moins onéreuse pour le débiteur? cela semblerait résulter de la disposition de la loi 1re, au Code, qui dit sans restriction que si le débiteur n'a point fait son choix, le créancier peut faire l'imputation. *Si debitor id non fecit, convertitur electio ad eum qui accepit.* Cependant la loi 3, dig. h. t., nous dit que le créancier doit imputer le paiement sur la dette qu'il aurait payée lui-même s'il avait été débiteur, c'est-à-dire, sur la dette la plus onéreuse. C'est sur ces termes que l'on pourrait se fonder pour restreindre le droit du créancier, quant à la faculté de choisir, pour l'obliger ainsi à imputer le paiement sur la dette la plus onéreuse. Mais ces deux lois peuvent cependant se concilier, car la loi 1re au Code, qui donne le choix au créancier, dans le silence du débiteur, s'applique tout naturellement au cas où le débiteur n'a pas plus d'intérêt à payer une dette qu'une autre, tandis que la loi 3, au dig., est relative au cas où le débiteur a intérêt à payer les dettes plus onéreuses, de préférence à celles qui le sont moins;

2° Si les parties ne sont pas d'accord sur le choix de la dette à éteindre, la loi 2 veut que le créancier puisse ne pas accepter la somme offerte, comme il reconnaît au débiteur le droit de retirer son offre. — *Dum in re agenda hoc fiat ut vel creditori liberum sit non accipere, vel debitori non dare si alio nomine exsolutum quis eorum velit.* — Ce que Florentinus accorde au créancier, c'est seulement le droit de refuser le paiement lorsque l'imputation doit être faite sur une autre dette que celle qu'il consent à éteindre, mais non le droit de protester contre cette imputation en acceptant le paiement. De plus, si le créancier est libre de ne pas recevoir un paiement, il devra, d'un autre côté, subir les conséquences de son refus. Ainsi, il n'aura plus d'action pour poursuivre le débiteur, lorsque ce dernier aura déposé la somme offerte dans un lieu déterminé;

3° Si la cause du paiement n'a été exprimée ni par le créancier ni par le débiteur, l'imputation doit se faire sur la dette la plus onéreuse, parce qu'il est tout à fait conforme à la justice, comme le dit Ulpien, que le créancier agisse, à l'égard de son débiteur, comme il voudrait qu'on agît à son égard, et comme s'il faisait l'imputation en son propre nom;

4° Mais quelles sont les dettes que nous devons considérer comme onéreuses?

Une dette onéreuse est celle qui assujettit à la contrainte juridique : *Julianus elegantissime putat ex eâ causâ eum solvisse videri debere ex quâ tunc cum solvebat compelli poterit ad solutionem* (1). Quand le débiteur a plusieurs dettes qui pourraient l'y assujettir, l'imputation doit être faite sur la dette qui pourrait l'entraîner immédiatement.

5. Ainsi, ne sont point onéreuses, les dettes qui résultent :

1° De l'obligation naturelle;

2° De l'obligation civile, quand elle est à terme, ou sous condition;

C'est le lieu de dire que, lorsque deux dettes étaient à termes inégaux, le paiement fait après l'échéance des deux termes, il y avait lieu d'imputer sur la dette dont le terme était arrivé le premier; ce n'était là que l'application d'un principe que nous verrons plus tard, et d'après lequel, entre deux dettes échues, on imputait sur la plus ancienne; or, dans l'espèce, sans doute les deux liens obligatoires avaient pris naissance en même

(1) L. 103, D. *De solut.*

temps; mais elles étaient devenues exigibles à des époques différentes, et le législateur, pour régler l'imputation, doit se préoccuper de l'exigibilité, et non du lien obligatoire; car, c'est l'époque de l'exigibilité qui constitue la véritable ancienneté d'une créance au point de vue du paiement (1).

3° Ne sont point onéreuses les dettes qui résultent de l'obligation civile, même pure et simple, mais qui est douteuse. Ces obligations, en effet, n'entraînent pas immédiatement la contrainte juridique. Nous en trouvons la preuve, pour ce qui touche l'obligation naturelle, dans la loi 5, Dig. *in fine*; pour ce qui concerne l'obligation à terme, à la loi 3 *in fine*, dans ces mots : *id videtur solutum cujus dies venit*; pour l'obligation douteuse, dans la loi 1re, h. t. dans ces mots : *in id debitum quod non est in controversiâ*.

6. Mais, parmi les causes onéreuses, les unes le sont plus que les autres. Dans quel ordre doivent-elles être classées?

Les anciens auteurs avaient suivi l'ordre des lois de notre titre; mais la classification la plus satisfaisante est celle que nous donne Papinien dans la loi 97, Dig.

Deux cas peuvent se présenter :

1° Un retard dans le paiement pourrait entraîner pour le débiteur un dommage important dans la fortune, des poursuites de la part de ses créanciers, ou bien porter atteinte à sa réputation.

Dans ce cas, on impute d'abord sur la dette dont le défaut de paiement pourrait intéresser l'honneur du débiteur, par exemple, la dette dont le non paiement pourrait entraîner une condamnation infamante *de pœna temere litigantium*, § 2, instit.

_____

(1) Loi 87, § 2, D. *de solut.*

On fait ensuite l'imputation sur la dette dont le non paiement pourrait être suivi de quelque peine ou de quelquesdommages intérêts ; par exemple, la dette dont le non paiement met le débiteur sous le coup d'une action qui peut entraîner, en cas de désaveu, la condamnation au double, *ex inficiatione crescit.* Ainsi le legs *per damnationem* était dans cette catégorie, et sous Justinien celui qui était fait *venerabilibus locis* ou qui contenait une stipulation pénale.

La dette avec clause pénale doit être acquittée de préférence, comme étant plus rigoureusement sanctionnée que les autres.

L'imputation doit se faire en troisième lieu, sur ce qui peut être dû à la caution, sur la dette pour laquelle un fidéjusseur serait obligé. Ce n'est qu'après le paiement de ces dettes que s'effectue le paiement des dettes non cautionnées.

On considère comme devant être acquittée, d'abord la dette cautionnée, parce qu'en la payant on opère plusieurs libérations, tandis qu'en payant une dette non cautionnée on ne libère que soi-même.

2° Un retard dans le paiement ne doit entraîner pour le débiteur aucun dommage.

L'imputation doit d'abord se faire sur ce qui est dû au nom propre du débiteur, avant ce qu'il ne doit que comme caution d'un autre. On suppose que c'est ainsi qu'agirait un débiteur diligent.

Dans tous les autres cas, la dette la plus ancienne est celle qui doit être payée la première.

Lorsque la cause des contrats et leur date est la même, l'imputation doit se faire sur toutes les sommes dues, proportionnellement à leur importance (1).

(1) Loi 8, dig. *h. t.*

7. Tels sont les principes en matière de paiement, lorsqu'il ne s'agit que des sommes principales.

Mais s'il est dû des capitaux et des intérêts, il faut se conformer à la constitution d'Antonin, et dire que l'imputation doit d'abord se faire sur les intérêts et ensuite sur le capital.

Il arrivait quelquefois que le paiement éteignait simultanément deux dettes. Nous trouvons de cet effet, un exemple assez intéressant; dans la loi 41, dig. h. t., Marcien suppose qu'un pupille a, sans l'autorisation de son tuteur, emprunté une somme d'argent: il en est résulté une obligation naturelle : plus tard, le créancier lègue cette somme au pupille dans l'intention de le libérer, mais à la condition qu'il remettra cette somme pour augmenter la masse héréditaire sur laquelle sera calculée la *quarte falcidie*, car si cette somme n'y était pas volontairement rapportée par le pupille, ce serait une non-valeur qui ne compterait pas évidemment pour le calcul de la *quarte falcidie*. Si, dans cette hypothèse, le légataire paie, il produit un double effet : 1° il paie sa propre dette qui n'a pas été éteinte *ipso jure* par le legs, puisque ce n'était point un mode d'extinction énuméré par la loi ; 2° il remplit la condition sans laquelle le legs serait caduc.

DROIT FRANÇAIS.

DE LA NON RÉTROACTIVITÉ DES LOIS.

Notions préliminaires.

L'office des lois est de régler l'avenir ; le passé n'est plus en leur pouvoir ; tous les législateurs ont rendu hommage à ce grand principe. Si le citoyen pouvait craindre d'être recherché dans ses actes passés ou troublé dans ses droits acquis par une loi postérieure, la liberté civile qui donne le droit de faire tout ce que la loi ne prohibe pas n'existerait plus.

Cette liberté, qui avait reçu de graves atteintes de la part de Verrès, trouva dans Cicéron, 600 ans avant Justinien, un éloquent défenseur.

Quis unquam proposuit edicto quod neque post edictum neque ante edictum prævideri potuit, disait Cicéron en attaquant la violation du principe de la non rétroactivité des lois (1).

Nous trouvons souvent, dans la législation de Justinien, ce même respect pour les droits acquis antérieurement.

Justinien exige d'abord, dans une de ses novelles,

(1) Actio III, in Verrem.

qu'il existe un délai entre l'époque où la loi sera promulguée et celle où elle sera obligatoire (1).

Les empereurs Théodose et Valens formulent encore mieux le principe (2). D'autres textes l'établissent aussi formellement.

De la loi *Jubemus*, au Code (3), sur la confection des testaments, il résulte que les testaments déjà faits au moment où parut cette loi devaient conserver leur valeur, et que les testaments faits par la suite devaient être soumis aux formalités établies par la législation nouvelle.

Pour que nul doute ne reste sur l'intention du législateur romain, nous trouvons résolus dans les textes les cas embarrassants qui pourraient se présenter. — Le cas, par exemple, où une loi nouvelle trouve des affaires pendantes; celui où une loi nouvelle ne sert qu'à interpréter la loi ancienne.

Dans le premier cas, c'est la loi nouvelle qui sera applicable (4). Dans le second, la loi nouvelle rétroa-

---

(1) Ut autem apertius adhuc causa declaretur, sancimus si fuerit scripta ejus modi lex hanc post duos menses dati ei temporis valere et in republicâ hactati sive in hac felicissimâ avitate sive in provinciis.

Novelle 60, chap. 1er, *in princip.*

(2) Leges et constitutiones certum est futuris dare formam negotiis, non ad facta præterita revocare.

Loi 7, Code *De legibus.*

(3) Quæ in posterum tantummodo observari censemus, ut quæ testamenta post hanc novellam legem conficiuntur, hæc cum tali observatione procedant.

Livre 6, t. 23.

(4) Necessarium ducimus præsentem legem ponere per quam sancimus in omnibus litibus quæ fuerint post præsentem legem inchoatæ, non aliter neque actorem neque fugientem in primordio litis exercere certamina.

Loi 2, *De jurejurando*, propter calumniam. — Code, livre 2, titre LIX.

gira lorsqu'elle ne sera qu'une loi interprétative d'une loi ancienne (1).

Il était reconnu de même, sous notre ancienne législation, que les lois ne pouvaient régir que les faits à venir.

Mais la loi *Regia*, qui avait conféré aux empereurs romains l'exercice du pouvoir législatif encore en vigueur sous Justinien, établit l'usage des rescrits que nous voyons plus tard se produire pendant la période de temps qui vit Cujas, Dumoulin, Domat et Pothier.

Les parlements rendirent quelquefois des décisions qui, revêtant par la sanction royale le caractère législatif, portèrent atteinte à des droits acquis.

Depuis 1789, la commotion générale donnée à la société française introduisit, d'une manière bien plus douloureuse que sous l'empire des rescrits, la rétroactivité des lois; le principe dominant de l'égalité absolue, de l'égalité naturelle, ne pouvait subsister à côté des fictions nombreuses sur lesquelles reposait alors la société, et des lois violentes et rétroactives furent rendues.

Mais bientôt les véritables principes reprirent leur empire. Les lois du 5 brumaire et 17 nivôse an 2 avaient fait remonter jusqu'au 14 juillet 1789 l'égalité absolue des partages entre tous les co-successibles; la Convention nationale, rendue à elle-même et maîtresse de son opinion, les suspendit par un décret du 5 floréal an 3 et les déclara comme non avenues, par un autre décret du 9 thermidor suivant.

(1) Tertia vero constitutione non adjecimus aliquid de temporibus quin omnibus manifestum sit opportere ea quæ adjecta sunt per interpretationem omnibus valere in quibus interpretatis legibus est locus.

Novelle 19, *De filiis ante dotalia instrumenta natis.*

Ce décret avait été précédé de la constitution du 5 fructidor an 3 (1) qui, dans son art. 14, proclamait ce principe, que devait reproduire, peu d'années après, le code qui nous régit.

Les esprits vivaient encore sous la terreur des maux qu'avait causés la rétroactivité, lorsque fut rédigée cette constitution de l'an 3, et bien qu'au moment où fut présenté le projet du Code, une ère de calme eût succédé à un temps d'orage, la joie fut grande lorsqu'un des illustres rédacteurs du Code fit entendre ces belles paroles :

« L'homme, dit M. Portalis, dans l'exposé des motifs de la loi, relative aux effets et à l'application des lois en général, serait un être bien malheureux s'il ne pouvait pas se croire en sûreté même pour sa vie passée. — Pour cette portion de son existence, n'a-t-il pas déjà porté tout le poids de sa destinée? Dans l'ordre de la nature, il n'y a d'incertain que l'avenir et encore l'incertitude est alors adoucie par l'espérance, cette compagne de notre faiblesse. »

L'art. 14, de la constitution de fructidor an 3, fut reproduit dans le Code comme renfermant une de ces vérités utiles que M. Portalis disait devoir être publiées toujours et devoir frapper sans cesse l'oreille du magistrat, du juge et du législateur.

Il fallait, en effet, un contre-poids à cette omnipotence du législateur qui peut modifier les lois existantes et lui en décréter de nouvelles. Car si le législateur peut, après avoir suivi les progrès de la législation, examiné les besoins nouveaux et reconnu, d'après les faits, l'insuffisance de ses prévisions; si le législateur peut mettre les lois en harmonie avec les institutions,

(1) Déclaration des droits et des devoirs de l'homme et du citoyen.

les mœurs et les doctrines nouvelles à mesure qu'elles se produisent ; il ne peut décréter des commandements, des défenses ou des punitions pour des actes passés, pour des faits accomplis, et l'avenir seul est dans son domaine.

CHAPITRE PREMIER.

SECTION I.

Les lois nouvelles ne doivent régir que l'avenir : tel est le principe posé dans l'art. 2 du Code Napoléon, principe dont l'application paraît facile, et cependant les innombrables procès qu'a fait naître l'application des lois nouvelles, l'incohérence, comme l'incertitude que présentent sur cette matière la jurisprudence des arrêts et la doctrine des auteurs, attestent qu'il n'est pas de principes peut-être qui donnent lieu à plus de difficultés. En effet, des attentes ont été produites par la loi ancienne, des droits ont été acquis : comment savoir que l'attente produite, que les droits accordés par la loi ancienne sont du nombre de ceux que le législateur a voulu respecter dans la loi nouvelle ; comment distinguer les attentes qui doivent être inviolables de celles qui peuvent n'offrir qu'une importance légère ; comment discerner, démêler dans le même fait les conséquences, dont les unes appartiennent à la loi ancienne et les autres à la loi nouvelle ?

Le législateur n'a pas déterminé quels sont les droits et les attentes qui doivent être respectés ; des règles générales n'ont point été établies pour résoudre les difficultés qui pourraient se présenter ; sur certaines matières seulement, des règles, relatives au passage de l'ancienne législation civile à la nouvelle, ont été spécialement déterminées par des lois transitoires.

Mais, à défaut de lois transitoires, quelles règles devons-nous suivre ? Quels principes admettre, lorsqu'au lieu de trouver un fait né sous la loi ancienne, non encore commencé ou complétement fini, et ne devant plus produire d'effets ultérieurs, la loi nouvelle voit les conséquences de ce fait se produire et se développer sous son empire ?

Ce serait, d'un côté, donner à cette loi un effet rétroactif, dans le vrai sens du mot, que de lui faire régler les effets même les plus directs, les plus nécessaires d'un fait antérieur ; d'un autre côté, ce serait rendre inutile la loi nouvelle, lui ôter toute sa force que de faire régler par la loi ancienne tous les effets, même les plus indirects, les plus éloignés d'un fait ancien.

Pour résoudre les difficultés qui pourraient se présenter sur cette matière, nous dirons que le principe établi dans l'art. 2 doit être appliqué dans toute sa rigueur, lorsqu'une loi nouvelle portera atteinte à des droits acquis, c'est-à-dire à des droits établis expressément ou tacitement par un titre irrévocable fondé, soit sur la volonté formelle de l'homme, soit sur sa volonté présumée, a des droits dont la violation détruirait des espérances, des attentes produites par les lois antérieures.

SECTION II.

Exceptions au principe de la non rétroactivité des lois.

§ I.

Le principe d'éternelle justice, qui veut que la loi ne régisse que l'avenir, reçoit quelques exceptions.

1. Par des motifs supérieurs, dont lui seul est le juge, le législateur peut, par des dispositions expresses, étendre l'empire des lois nouvelles sur le passé; c'est lui seul qui devra juger si l'application du principe de l'art. 2 ne serait pas, dans certains cas, plutôt un mal qu'un bien.

Cette exception, une fois établie dans la loi, les juges ne peuvent pas ne pas l'admettre, sous prétexte que ce serait porter atteinte à l'art. 2 du Code Napoléon. Les juges doivent appliquer la loi telle qu'elle est, sans qu'il leur soit permis de la modifier ou de la restreindre, car le Code a prescrit, il est vrai, une règle générale qui doit mettre les actes passés à l'abri des dispositions d'une loi nouvelle; mais les lois, quelles que soient leurs dispositions, sont au-dessus du pouvoir des juges; ceux-ci ne peuvent pas les méconnaître, alors même qu'elles leur paraîtraient contraires aux principes les plus certains.

2. Les lois morales, l'ordre public et l'équité naturelle, lois essentiellement renfermées dans toute législation, se reportent par leur nature sur le passé, sans rétroagir. Ainsi, appliquerons-nous à des faits passés la loi qui ordonne de réparer le tort qu'on a causé par son fait, alors même que tel cas qui pourrait se présenter n'aurait pas été prévu par une loi spéciale; il est en effet d'une bonne législation d'admettre comme base antérieure à toutes les lois, et comme renfermées dans leur disposition, les principes généraux, sans lesquels elles perdraient elles-mêmes leur autorité, leur caractère réel de force et de durée.

3. Les faits anciens sur lesquels n'existait aucune loi générale ni particulière, ni statuts ou usages locaux, peuvent être régis par une loi nouvelle, mais les juges ne seront pas tenus de statuer conformément à cette loi. Les

juges pourront décider comme si la loi nouvelle n'avait
pas été rendue; ils pourront même juger contradictoirement à la loi nouvelle, s'ils croient ainsi obéir aux principes naturels de l'équité qui, comme le dit Domat,
est la loi universelle qui s'étend à tout. Il serait dangereux, en effet, d'appliquer indistinctement la disposition d'une loi nouvelle à des questions qu'elle n'aurait
pas prévues, et sur lesquelles il n'y avait antérieurement ni lois ni jurisprudence fixe. Alors même que les
juges n'appliqueraient pas la loi nouvelle, ils pourraient
toujours la consulter comme raison écrite, comme
autrefois on consultait le Droit romain sur les points
non décidés par les coutumes ou les usages locaux.

§ 2.

1. Les lois interprétatives régissent aussi le passé
sans rétroagir.

Mais qu'entend-on par lois interprétatives, et l'opinion
qui veut qu'il n'en existe plus a-t-elle quelque fondement?

Interpréter une loi c'est l'expliquer, c'est découvrir,
c'est élucider son sens exact; mais nous ne donnerons
pas le véritable nom d'interprétation légale à celle qui
émane de la doctrine, à celle qui émane de l'autorité
judiciaire.

La première n'a d'autre force que celle que lui donne
le crédit ou la renommée des auteurs.

La seconde ne nous présente que des décisions souvent contraires; or, c'est cette contrariété qui a rendu
nécessaire l'interprétation donnée par le pouvoir législatif, et qui est celle dont nous voulons parler. D'ailleurs,
l'autorité d'une décision judiciaire ne s'applique qu'à
l'affaire qui en fait spécialement l'objet, et l'interpré-

tation qui en résulte n'a pas le caractère de généralité qui distingue la loi.

2. Ce droit d'interpréter les lois antérieures n'a pas toujours appartenu au pouvoir législatif, et c'est peut-être ce qui a encouragé quelques auteurs à soutenir que l'interprétation législative n'existe plus.

Il est vrai que le pouvoir législatif, en vertu de la loi des 16-24 août 1790, ne pouvait interpréter la loi que sur un référé, tantôt facultatif, tantôt nécessaire de la part des tribunaux; que plus tard même ce droit fut réservé, par une loi du 16 septembre 1807, au gouvernement, sur l'avis du conseil d'Etat. Mais ce pouvoir ne fut-il pas rendu à l'autorité législative par la loi du 30 juillet 1828? Et la loi de 1837 vient-elle de nouveau lui enlever ce droit, parce qu'elle a supprimé les référés, parce qu'elle a obligé les cours auxquelles une affaire était renvoyée, à se conformer à la décision de la Cour de cassation? Rien ne le prouve. La Cour de cassation n'a reçu le pouvoir d'interprétation que pour une affaire déterminée, et quelque obligatoire que soit son arrêt pour le second tribunal de renvoi, son application ne dépassera pas le procès dans lequel il est intervenu.

3. L'interprétation législative existe; le but qui l'avait fait établir existe encore, celui de ramener l'unité et l'uniformité, celui de rendre la loi interprétée obligatoire dans le sens que le pouvoir législatif lui a donné. Toute loi obscure ne donne-t-elle pas naissance à des attentes contradictoires, et ne faut-il pas savoir quelle est celle que le législateur déclare devoir être respectée?

4. Mais comment appliquerons-nous aux lois interprétatives le principe de l'art. 2 du Code Napoléon?

La loi interprétative est-elle applicable aux faits antérieurs à sa promulgation, ou ne doit-elle régir que les faits à venir?

La difficulté qu'il y a à déterminer en fait, ce qu'on doit entendre par loi purement interprétative, est la cause de la divergence d'opinions qui existent sur cette matière.

Les lois interprétatives ne doivent avoir d'effet que pour l'avenir; ne doivent-elles pas être considérées plutôt comme des lois nouvelles que comme des lois rentrant virtuellement dans celles qu'elles ont pour but d'interpréter.

Le conseil d'Etat ne voulut pas qu'on ajoutât à l'art. 2 du Code ce second paragraphe :

« La loi interprétative d'une loi précédente aura un » effet rétroactif; elle aura son effet du jour de la loi » qu'elle explique. »

D'un autre côté, les chambres, en 1828, n'ont voulu donner aux lois interprétatives d'effet que pour l'avenir, ne voyant pas de plus grand inconvénient que celui de se préoccuper du passé; on pourrait prétendre que l'interprétation législative ne pourrait pas être rétroactive sans emporter avec elle des impossibilités morales et matérielles qui entraveraient le cours de la justice; on dit avec quelque raison que le législateur dans son interprétation d'une loi ancienne adoptera nécessairement les vues du moment où il écrit, les idées de son époque, et ne pourra donner à une loi ancienne le sens qu'elle devait avoir à l'époque où elle fut faite, qu'il pourra approprier son interprétation aux mœurs et aux nécessités contemporaines des faits dont les conséquences se produisent.

5. Ces principes seraient vrais, si la loi nouvelle, au lieu d'interpréter purement et simplement la loi ancienne, innovait et modifiait ses dispositions. Mais ils

ne sont point applicables lorsque la loi nouvelle se borne à expliquer purement et simplement le sens d'une loi antérieure. Les choses doivent se passer comme si la loi avait été claire *ab initio*.

Du reste, si on décide autrement, ne portera-t-on pas aussi atteinte à des attentes respectables, puisque, sous l'empire d'une loi obscure, il en peut naître de contraires? — N'aura-t-on pas alors méconnu les principes sans sauver l'équité?

Le pouvoir législatif fait une loi interprétative lorsqu'il recherche quelle a été la pensée du législateur primitif, et cette loi nouvelle, par laquelle il déclare qu'elle a cette pensée, doit régir les faits antérieurs à sa promulgation; elle s'incorpore avec la loi interprétée et ne fait avec elle qu'une seule et même loi plus intelligible seulement et plus claire.

6. Cependant la loi interprétative respectera les jugements rendus en dernier ressort, les transactions, les décisions arbitrales et autres passées en force de chose jugée.

Cette dernière disposition se trouvait dans le projet du Code, ainsi que celle qui attribuait un effet rétroactif aux lois interprétatives. Mais on craignit que des abus ne survinssent dans l'application de principes aussi généraux.

Le second paragraphe de l'article 2 fut supprimé; mais en le supprimant, le Conseil d'Etat ne laissa pas de reconnaître le principe qu'il énonçait.

7. Les lois rectificatives des erreurs qui se sont produites dans la loi précédente ne peuvent avoir d'effet rétroactif, que l'erreur existe dans le fond même de la loi ou qu'elle n'existe que dans l'expédition. En effet, si l'erreur existe dans le fond, les droits que la loi a pu conférer, l'eussent-ils été injustement, n'en sont pas

moins incommutablement acquis, et tant que la loi
n'est pas réformée, elle conserve toute sa force. Les
actes faits sous son empire ne peuvent pas perdre leur
effet. Si l'erreur n'existe que dans l'expédition, le résultat sera le même, car la loi a été publiée et promulguée telle qu'elle a été expédiée.

CHAPITRE II

Les lois qui changent ou qui modifient l'état des personnes et leur capacité.

§ 1.

L'état civil des personnes est dans le domaine de la
loi.

1. Le législateur est le maître absolu de leur capacité,
qu'il peut changer et modifier à son gré, mais pour l'a-
venir seulement et selon les besoins de la société et de
l'ordre public.

Une loi qui introduit de nouvelles règles sur l'état
des personnes peut être appliquée, du moment de sa
publication, à celles qui jusqu'alors avaient été dans un
état différent, car cet état est conditionnel et incertain,
et l'homme peut s'attendre d'un jour à l'autre à voir
changer sa capacité, et les qualités civiles qui en dépendent.

Devons-nous distinguer entre le cas où la loi nouvelle
améliore la position des personnes, et le cas où elle
l'empire, et admettre que la loi nouvelle qui améliore la
position des personnes, sans nuire aux droits acquis
à des tiers, doit être appliquée sur le champ, et que
la loi qui empire cette position ne peut être appliquée
qu'aux personnes, qui, au moment de sa publication, se

trouvent encore dans l'état, dont elle détermine la durée, sans que les tiers puissent en souffrir.

Ces distinctions ne peuvent être admises, et nous dirons que les lois nouvelles doivent recevoir leur application du jour où elles ont été promulguées, soit qu'elles améliorent le sort des personnes, soit qu'elles les placent dans une condition moins avantageuse.

2. On ne peut pas compter sur la conservation ultérieure de la capacité dont on jouit, mais on peut compter sur la validité des actes faits sous l'empire de la loi qui reconnaissait un individu capable ; les actes faits par lui sous l'empire de la loi ancienne restent valables, tandis que les actes semblables qu'il pourrait faire depuis la promulgation de la loi nouvelle seront parfaitement nuls.

La loi nouvelle serait en effet rétroactive, si elle ne se contentait pas de statuer pour l'avenir, si elle ne respectait pas la capacité passée et tout ce qui en a été la suite.

3. Que décider lorsque des droits, qui ont trait à l'état et à la capacité des personnes, ont été stipulés irrévocables, ou déclarés tels par une convention expresse ? ces droits peuvent-ils être abolis ou modifiés par une loi nouvelle ?

La question ne paraît pas douteuse ; il est reconnu qu'on ne peut, par des conventions particulières, déroger aux lois qui intéressent l'ordre public ; or les lois qui règlent l'état et la capacité des personnes tiennent essentiellement à l'ordre public ; aussi dirons-nous que, malgré les conventions des parties, la loi nouvelle pourra abolir, modifier les droits dont nous parlons, mais, comme dans les cas ordinaires, à compter seulement de sa promulgation, et seulement pour les actes et effets postérieurs. L'état et la capacité des personnes, les qualités civiles qui en résultent, sont, en effet, des institutions sociales qui ne sont pas à la disposition des individus, mais à la disposition de la société, pour le bien de laquelle le législateur a le droit de les établir, de les modifier ou de les abroger.

Faisons quelques applications de ce principe, que le législateur est maître de modifier l'état des personnes, en établissant les limites où doit s'arrêter l'exercice de ce droit.

4. Le législateur peut-il détruire la qualité de Français acquise par la naissance, ou même conférée par la naturalisation ?

Cette qualité est irrévocable ; la loi nouvelle ne peut l'enlever à celui qui en est investi ; mais elle peut imposer, pour sa conservation, de nouvelles conditions : la non exécution de quelques-unes de ces conditions peut entraîner la perte de la qualité de Français. Mais celui qui a été dépouillé, ne peut se plaindre, puisqu'il pouvait conserver sa qualité en obéissant aux prescriptions de la loi.

5. Une loi nouvelle qui change les conditions de validité de mariage, pourra-t-elle être appliquée au mariage déjà célébré au moment de sa promulgation ?

Lorsque le mariage aura été célébré, il y a eu un fait accompli, et la loi nouvelle ne peut, sans rétroagir, invalider un mariage célébré, comme elle ne peut valider celui qui, au moment de sa promulgation, se trouve, d'après la loi sous laquelle il a été célébré, entaché de vice qui emporte sa nullité.

La loi nouvelle, si elle était appliquée, produirait alors des résultats contraires à ceux qui doivent résulter de l'établissement d'une loi nouvelle.

6. Le mariage n'a pas été célébré ; une loi nouvelle fixe, par exemple, de nouvelles conditions d'âge pour la validité d'un mariage, cette loi doit être appliquée aux personnes qui, avant sa promulgation, avaient l'âge voulu par la loi ancienne pour contracter mariage et qui voudraient se marier sous la loi nouvelle. En effet, les attentes qui avaient été conçues n'étaient pas de nature à être respectées par la législation, puisque mille circonstances pouvaient faire évanouir l'espérance qu'avaient les parties de s'unir conformément aux prescriptions de la loi ancienne.

7. Comme la loi peut, sans rétroagir, changer la capacité des personnes et n'est obligée qu'à respecter les actes antérieurs faits en vertu de cette capacité, une loi nouvelle pourrait autoriser la femme à faire seule, à l'avenir, des actes qu'elle ne peut faire aujourd'hui sans l'autorisation de son mari, et, réciproquement, lui défendre de faire des actes qu'elle peut faire sans autorisation. — Le Code a pu, par exemple, faire cesser, dès le moment de sa promulgation, toutes les anciennes dispositions relatives à l'autorisation maritale, et les femmes mariées antérieurement ont dû, depuis, recourir pour certains actes à cette autorisation.

Les lois romaines et certaines coutumes attribuaient aux femmes la libre administration de leurs biens personnels, et dans tout ce qui concernait cette administration, même en jugement, leur permettait d'agir seules sans être autorisées par leur mari. Le Code n'a point admis toutes ces dérogations à la puissance maritale; car, si par l'article 1578 il a laissé à la femme l'administration et la jouissance de ses biens paraphernaux, il a disposé en même temps qu'elle ne pourrait les aliéner, ni paraître en jugement à raison desdits biens, sans l'autorisation du mari, et à son défaut, sans celui de justice.

Sous d'autres coutumes, celles de Bourgogne, par

exemple, les femmes ne pouvaient tester sans l'autorisation de leur mari; la loi nouvelle a pu les relever de cette incapacité sans violer les principes.

8. Mais une loi ne pourrait, sans rétroagir, rendre inaliénables des biens que la loi, sous l'empire de laquelle les époux se sont mariés, regardait comme aliénables. Les dispositions de la loi ancienne relativement aux biens sont entrées comme conditions tacites dans le mariage lui-même.

Lorsque les époux ont contracté mariage sous un régime, les conséquences de l'adoption de ce régime doivent s'en suivre, d'après les principes de la loi qui l'établissait, quelques modifications qu'ait pu y apporter une loi nouvelle. On ne pourrait admettre cette solution dans le cas où il y aurait eu entre les époux des conventions expresses, indépendantes du régime adopté par eux, mais prohibées par la législation nouvelle. Si des époux avaient stipulé, par exemple, avant le Code, que leur succession serait partagée entre leurs enfants, conformément à des coutumes qui accordaient la presque totalité des biens aux garçons et ne donnaient rien aux filles, cette convention ne pourra s'exécuter, la succession des époux s'ouvrant sous une loi, sous le Code Napoléon, qui prohibe de semblables dispositions.

9. Pouvons-nous appliquer le principe de la non rétroactivité aux individus qui, mariés antérieurement à la loi qui abolit le divorce, auraient voulu divorcer depuis la loi du 8 mai 1816? Non. — Le divorce, à la différence de l'état d'époux régi par la loi du temps où le mariage a été célébré, est placé sous l'empire de la loi nouvelle, parce que la loi qui défend la dissolution du mariage par le divorce, ne porte atteinte à aucun droit acquis, ne cause aucun préjudice.

10. Quant à la forme, un mariage célébré sous la loi ancienne et revêtu des formalités voulues par cette loi, est valable, quelque changement qu'ait pu introduire une loi nouvelle.

11. La loi nouvelle ne saurait, sans rétroagir, sans blesser les droits acquis, porter atteinte aux qualités civiles qui sont irrévocablement régies par la loi sous l'empire de laquelle ces qualités ont été acquises; ainsi, la paternité, la filiation légitime, résultant d'un mariage contracté sous l'empire des lois anciennes, demeureront invariablement régies par ces lois. Néanmoins, le législateur reste toujours le maître de régulariser, dans l'intérêt général, les effets de la puissance paternelle, soit quant aux personnes, soit quant aux biens; car, une fois les liens qui unissent le père et l'enfant, une fois ces liens consacrés, on ne peut accuser de rétroactivité une loi nouvelle qui changera les effets de la jouissance légale des parents sur le bien de leurs enfants, qui fera retomber sous la puissance paternelle un fils qui en était sorti.

12. Si, avant la promulgation d'une loi nouvelle, la reconnaissance d'un enfant naturel avait été faite, si un jugement déclaratif de paternité avait été rendu, cette loi ne pourrait porter modification à l'état de cet enfant. S'il en était autrement, c'est alors qu'un véritable préjudice serait causé, et cette application d'une loi qui modifierait l'état d'un enfant reconnu, serait évidemment la violation du principe de la non rétroactivité des lois, et même, dit Merlin (1), lorsque la faculté de reconnaître ou de rechercher la paternité accordée par la loi ancienne n'a pas été exercée au moment de la promulgation de la loi nouvelle, qui

(1) *Répertoire*, tome 16, page 253.

la défend, l'enfant naturel né sous la loi ancienne, pourra néanmoins exercer.

13. Un individu majeur, d'après la loi ancienne, peut devenir mineur par l'effet de la loi nouvelle, et il ne peut s'en plaindre, car la qualité dont il avait été revêtu ne lui avait été accordée qu'à titre précaire, sous la condition toujours sous-entendue qu'elle lui serait retirée lorsque l'intérêt public l'exigerait.

14. Une loi postérieure pourra replacer en tutelle ce mineur, qui, en vertu d'une loi précédente, en avait été affranchi; mais cette loi doit être appliquée, car elle n'a eu d'autre but que de protéger celui qu'elle prive de l'exercice de ses droits contre sa faiblesse et son inexpérience.

15. Par la même raison, une loi nouvelle qui éloigne pour les mineurs l'époque où ils peuvent être émancipés, peut recevoir immédiatement son application à l'égard de ceux qui ont déjà joui de cet avantage.

Les mineurs émancipés retomberont sous la tutelle de leurs parents, alors même qu'ils auront exercé les droits accordés à l'émancipé d'après la loi ancienne; mais la loi nouvelle ne pourra atteindre les actes faits par l'émancipé avant sa promulgation; ces actes resteront valables.

16. En matière d'interdiction, la loi nouvelle doit aussi recevoir son application immédiate.

Ainsi les prodigues qui, sous la législation ancienne, étaient assimilés aux imbéciles et aux furieux, et recevaient comme eux des curateurs, ont reçu un conseil judiciaire, en vertu de l'art. 513 du Code Nap., à la place du curateur qui n'a pas ainsi disparu complètement, mais dont la qualité a été tout à fait modifiée.

CHAPITRE III.

Successions, Rapports.

1. Une loi nouvelle ne peut, sans rétroagir, s'appliquer aux successions ouvertes avant sa promulgation. C'est la loi existante au décès de celui de la succession duquel il s'agit qui doit régler ce qui concerne cette succession. Lorsqu'une succession s'ouvre, l'héritier, que la loi en vigueur à cette époque en saisit, est investi d'un droit qui fait partie de son domaine et qu'une loi nouvelle ne peut lui enlever. Le fait est accompli ; les biens sont attribués à l'héritier qui en est devenu propriétaire.

2. La loi contemporaine de l'ouverture de la succession doit être appliquée, lors même que l'acceptation n'a eu lieu que sous la loi nouvelle ; car l'acceptation n'est pas nécessaire pour que l'héritier soit investi de la propriété des biens ; elle rétroagit jusqu'au jour de l'ouverture de la succession, et n'est qu'une mise en action du droit qui est conféré à l'héritier par l'effet immédiat du décès de celui à qui il succède.

3. Si le fonds même des droits résultant d'une succession est soumis à la loi du temps de l'ouverture de la succession, l'exercice de ces droits, la forme de la répudiation et du partage, est régie par la loi du temps où ont lieu ces différents actes.

4. La loi nouvelle peut, sans rétroagir, exclure d'une succession, qui doit s'ouvrir sous son empire, tel individu qui aurait été appelé à la recueillir, d'après la loi ancienne ; car le droit à une succession n'existe qu'à l'ouverture de cette même succession.

5. Quelle est la loi qui doit régir et régler le rapport des libéralités faites aux successibles? Si les libéralités sont de leur nature révocables, c'est la loi nouvelle qui réglera les rapports pour les successions qui s'ouvriront sous son empire ; car les biens qui ont été l'objet de la libéralité, se trouvent encore dans la succession du donateur, au moment de son décès, et doivent être conséquemment régis comme tous les autres biens qui composent l'hérédité, par la loi existante au moment du décès du donateur.

6. Si les libéralités sont de leur nature irrévocables, le rapport à succession doit être régi par la loi qui était en vigueur au moment où elles ont été faites. Une loi ne pourrait donc sans rétroactivité, obliger le successible à rapporter une donation à lui faite sous l'empire d'une loi qui le dispensait du rapport ; c'est la loi ancienne qui doit être appliquée, car la donation est un acte irrévocable, et dès le jour où il a été fait, il y a eu pour le donataire un droit acquis ; dès ce jour il a pu profiter des biens, objet de la donation, et il a été investi par la loi ancienne d'un droit auquel la loi nouvelle n'a pu porter atteinte ni directement ni indirectement.

CHAPITRE IV.

Loi sur les donations entre-vifs.

1. Quel est l'effet d'une loi nouvelle rendue en matière de donations et ayant pour objet de changer la capacité du donateur ou la capacité du donataire, les formes de la donation ou la quotité des biens dont il est permis de disposer de cette manière ? Est-ce cette loi qui doit régir les effets des donations faites antérieurement, ou bien la loi, sous l'empire de laquelle a été faite la donation ?

2. La donation étant un acte irrévocable, ses effets devront être régis par la loi ancienne. Au moment où la donation est faite, le donateur est dépouillé de la propriété des choses données, le donataire qui accepte en est saisi : tout est définitivement conformé, il y a un fait accompli, des droits irrévocables conférés, des attentes sur lesquelles on a dû nécessairement compter.

3. Il en serait de même, alors que la donation serait conditionnelle, et que l'événement ne serait pas encore accompli ; car un droit conditionnel n'en est pas moins un droit; comme nous le savons, la condition accomplie aura un effet rétroactif au jour où la donation a été faite.

4. La donation entre-vifs ne jouirait plus réellement du privilége de l'irrévocabilité qui est cependant son caractère essentiel, si quelqu'un des effets qui lui étaient attribués par la loi en vigueur, au moment où elle a été consentie, pouvaient être soumis aux changements qu'aurait introduit la loi nouvelle. Ce serait attaquer la convention dans son essence, que de vouloir, par exemple, faire régir une donation entre-vifs par la loi existante au moment du décès du donateur; ce serait réduire la donation entre-vifs à une simple disposition testamentaire.

5. Lors même que la loi, sous l'empire de laquelle la donation a été faite, lors même que cette loi a été abrogée, tous les effets de cette donation doivent être constamment régis par la loi qui était en vigueur au moment de l'acte, parce que les parties en contractant d'une manière irrévocable, sous son empire, ont voulu que leurs conventions fussent soumises à cette règle. Ce serait violer leur volonté, rompre l'irrévocabilité de l'acte, que d'appliquer la loi nouvelle.

6. C'est aussi au moment où la donation est faite, qu'il faut se reporter pour apprécier la capacité du donateur et du donataire. Le donateur étant obligé de se dessaisir, doit être capable de donner au moment où s'opère ce dessaisissement, et à ce même instant le donataire doit être capable de recevoir : une loi postérieure à la donation ne pourrait l'annuler en rendant le donateur incapable de disposer, ou le donataire incapable de recevoir, et réciproquement, une loi qui rendrait aux parties la capacité, ne pourrait rendre valable une donation faite à une époque où ils étaient incapables.

7. Une ratification expresse d'une donation non valable, par défaut de capacité de l'une des parties, ne pourrait rendre applicable la loi nouvelle, qui modifie cette capacité; sans doute, comme la ratification doit être faite conformément aux formalités exigées pour la donation, elle pourra valoir comme donation, pour la validité de laquelle les conditions de capacité exigées par la loi nouvelle seront suffisantes. Mais la ratification ne rétroagira pas de manière à faire produire à la donation les effets qui lui auraient été attachés si elle avait été régulière *ab initio*. Spécialement, les droits réels qui auraient été conférés sur l'immeuble par le donateur ne seraient pas effacés rétroactivement par la ratification.

8. Examinons maintenant quel sera l'effet d'une loi, qui modifie la quotité disponible.

Une donation a été faite par une personne qui a des parents réservataires; une loi est promulguée qui modifie la loi ancienne, touchant la quotité dont cette personne peut disposer.

9. La loi nouvelle diminue, par exemple, la quotité disponible; cette loi ne pourra s'appliquer aux donations faites avant sa promulgation, car, au moment où la donation a été faite, le donataire a été saisi du droit de recevoir de la main du donateur tous les biens dont celui-ci pouvait disposer d'après la loi en vigueur. Le donataire a pu, en effet, calculer toutes les chances de réduction qui pourraient se produire en vertu de la loi, sous l'empire de laquelle a été faite la donation; une loi qu'il ne pouvait prévoir n'a pas dû en ajouter de nouvelles et briser des espérances qu'il avait conçues. Cette chance de réduction était, au moment de la confection de l'acte, spéciale, déterminée, mais la donation était incommutable et le droit du donataire absolu.

D'ailleurs, ne violerait-on pas l'intention du donateur qui a voulu donner tout ce dont la loi contemporaine de la donation lui permettait de disposer, et ne doit-on pas consulter, dans ce contrat comme dans tous les autres, quelle a été la volonté des parties.

10. La loi nouvelle augmente la quotité disponible; est-ce par cette loi ou par la loi sous l'empire de laquelle a été faite la libéralité, que doivent être réglés les effets de la donation?

Il est une opinion qui voudrait que la loi nouvelle ne fût pas appliquée dans cette hypothèse. Le donataire, dit-on, n'a pu être saisi du droit de prendre ceux des biens donnés qui n'étaient pas disponibles suivant la loi en vigueur, et ne peut l'acquérir en vertu d'une loi nouvelle, qui déclare ses biens disponibles, parce qu'il ne peut jamais avoir que ce qui lui a été valablement donné au moment de la donation, rien de plus; ce serait agir contre la volonté du donateur.

Cette opinion ne peut être admise, parce que l'application de la loi ancienne irait précisément contre les intentions probables du donateur qui aurait certainement fait la donation de tout ce dont la loi nouvelle

permet de disposer, si la loi ancienne l'avait permis;
car cette dernière loi, dans l'intérêt de certains parents,
a enlevé au donataire des biens que le donateur avait
eu la volonté de lui attribuer à l'exclusion de ces mêmes
parents; car, s'il avait voulu limiter sa libéralité aux
termes de l'ancienne loi, il lui aurait été bien facile
d'énoncer expressément la quotité dont elle autorisait
la disposition. En se servant d'une formule plus
étendue, en disposant de tout ce que la loi n'a pas
frappé d'indisponibilité, il a manifesté la volonté de
donner autant que possible, et la loi nouvelle, en éten-
dant cette limite, semble avoir été au-devant d'un
désir mal satisfait par l'ancienne législation. D'ailleurs
les héritiers réservataires ne tiennent leur vocation et
leur titre que de la loi, sous l'empire de laquelle s'ouvre
la succession, et ils n'ont d'autres droits que ceux qu'elle
leur confère, et la loi, du jour de la donation, n'a pu
leur conférer aucun droit acquis.

11. Les principes que nous venons d'exposer, nous
les appliquerons aussi aux institutions contractuelles.

Les donations, par contrat de mariage, sont, comme
les donations ordinaires, irrévocables; mais, comme les
dispositions testamentaires, elles n'ont d'effet qu'au
décès du donateur. Néanmoins, nous appliquerons aux
effets de ces donations la loi ancienne, sous laquelle
l'institution a été faite, parce que l'irrévocabilité de la
donation a conféré des droits au donataire; ces droits
peuvent, il est vrai, être altérés dans leurs effets, même
anéantis dans leurs résultats, car le donataire ne
peut transmettre à d'autres qu'à ses enfants le droit
conféré par la donation : ce qui résulte de l'art. 1089 qui
pose, en principe, que les donations faites à l'un des
époux deviendront caduques, si le donateur survit à
l'époux donataire et à sa postérité; d'un autre côté,

l'art. 1083, en défendant au donateur de disposer
à titre gratuit, ne lui interdit pas la disposition à titre
onéreux.

CHAPITRE V.

Loi sur les Testaments.

1. Quel est l'effet d'une loi nouvelle sur les testaments déjà faits au moment de sa promulgation?

Une loi nouvelle peut, nous le savons, être appliquée lorsque les droits qu'on invoque comme résultant
de la loi ancienne, sont révocables par leur nature et
ne constituent que de simples espérances sur lesquelles
on n'a pas dû compter.

Or, le testament n'est pas un acte irrévocable par sa
nature : avant la mort du testateur, le testament n'est
que le projet d'une aliénation qui ne se réalise qu'à
cette époque, puisque, jusqu'alors, le testateur peut
changer ses dispositions et que le légataire n'a qu'une
espérance qui peut être détruite à chaque instant.

2. Ainsi, par l'effet d'une loi nouvelle qui viendra
à changer la capacité du donateur, le testament qu'il
aura fait avant la promulgation de cette loi sera annulé
de plein droit; car un testament ne confère pas de
droits acquis, et les lois qui rendent incapables de tester les personnes qui avaient antérieurement cette capacité n'enlèvent, ne portent atteinte qu'à des espérances dont la perte n'entraîne aucun désordre.

Avant le Code, par exemple, il suffisait d'avoir 14
ans pour pouvoir tester; le Code exige 16 ans.

Une personne qui, à l'âge de 14 ans, avait fait un
testament avant le Code, est morte depuis sa promulgation avant d'avoir 16 ans révolus; son testament est

nul, quoique fait à une époque où elle était capable de
tester, parce que le testateur doit avoir la jouissance
du droit de tester, non seulement au moment de la
confection du testament, mais encore au moment
du décès du testateur.

3. Les lois, qui rendent capables de tester les personnes qui ne l'étaient pas avant leur promulgation,
détruisent sans doute des espérances conçues par les
héritiers *ab intestat,* mais ne portent point atteinte à
des droits acquis : les héritiers *ab intestat* d'une personne vivante n'ont pu compter sur des espérances
soumises à tant d'éventualités et ne peuvent se plaindre
de les voir détruire.

Une disposition testamentaire, faite à une époque
où le testateur était incapable, ne pourra devenir valable s'il meurt sous l'empire d'une loi qui le déclare
capable ; et réciproquement, un testament fait par une
personne capable, sous la loi ancienne, deviendra nul
si cette personne meurt sous l'empire d'une loi qui
l'en déclare incapable.

4. Nous avons vu que, du vivant du testateur, le
légataire est réduit à une simple espérance que la volonté de ce dernier peut altérer ou détruire. Une
loi nouvelle pourra donc anéantir cette qualité, sans
qu'on puisse l'accuser d'être rétroactive.

Le légataire capable de recevoir sous la loi ancienne
pourra perdre cette capacité par l'effet de la loi nouvelle qui sera promulguée avant le décès du testateur.

Si la loi nouvelle, promulguée après le décès du testateur, trouve en suspens une condition sous laquelle
le legs avait été fait, le légataire, que cette loi rend incapable de recevoir, lui enlèvera le droit de profiter
du legs. Le légataire ne devait être investi de la pro-

priété de la chose léguée qu'à l'accomplissement de la condition ; jusque-là il ne pouvait transmettre le droit ou legs à ses héritiers.

Toute disposition testamentaire, dit l'art. 1040, *faite sous une condition dependante d'un événement incertain, sera caduque si le légataire décède avant l'accomplissement de la condition.*

Donc il n'y a pas de droits acquis au légataire, qui puissent permettre de lui appliquer la loi ancienne.

5. Une loi nouvelle vient à changer les formalités nécessaires pour la perfection des testaments, quelle sera son influence sur les testaments antérieurs?

A ne consulter que la rigueur des principes, les formes intrinsèques du testament sont indivisibles du fonds, même de la disposition et de la capacité du testateur, attendu qu'elles donnent la vie au testament, qu'aucun droit ne résulte du simple fait de leur accomplissement, puisque leur existence ne commence réellement qu'avec le testament au décès du donateur. La loi nouvelle pourrait peut-être, sans rétroactivité, soumettre à ses prescriptions les testaments antérieurs, mais cette doctrine nous paraît trop rigoureuse et nous croyons que le testament fait, suivant les formes exigées à l'époque de sa confection, conservera sa validité.

Lorsque les formalités ont été accomplies, les volontés du testateur ont été manifestées d'une manière assez solennelle pour que cette preuve légale constitue pour le légataire un droit acquis sous le rapport de la validité extrinsèque de l'acte, un droit auquel la loi nouvelle ne doit pas porter atteinte.

Le législateur, par des dispositions expresses, pourrait exiger que les testaments faits précédemment par des personnes vivantes au moment de la nouvelle loi, fussent refaits dans les formes nouvelles. Il ne l'a point exigé ; il n'a point attaché un intérêt tel aux formes nouvellement établies, qu'il fallût imposer aux testateurs la nécessité de refaire leur testament : la mort ou la perte de leurs facultés intellectuelles aurait pu les mettre dans l'impossibilité de se conformer aux prescriptions de la loi nouvelle.

Le Code dit, au contraire, que le Français qui a fait un testament en pays étranger n'est pas obligé de le refaire lorsqu'il est de retour en France. Par analogie, nous admettrons que le testament valable quant à la forme ne pourra être invalidé par une loi nouvelle qui change les formalités.

CHAPITRE VI.

SECTION I.

Contrats et quasi-contrats.

1. Les contrats doivent être régis, dans tous leurs effets, par la loi sous l'empire de laquelle ils ont été faits, non par une loi nouvelle qui en changerait les conditions essentielles, la forme, le mode de les prouver, ou bien leurs effets.

2. *Obligations pures et simples.* — Quant aux conventions pures et simples, point de difficultés ; elles doivent être nécessairement régies par les lois en vigueur au moment du contrat, car les conventions sont définitives et consommées dès le moment où elles ont été faites. La loi nouvelle peut changer, pour l'avenir, les conditions essentielles, la forme ou le mode de preuve, les effets des contrats de même nature qui se feront sous son empire ; mais pour ceux qui ont été faits précédemment, le lien de droit a été formé et les parties ont dû compter sur leur droit d'en réclamer l'exécution.

.3 *Obligations à terme.* — Une convention dont l'exécution a été renvoyée à un terme convenu doit aussi être régie par la loi sous laquelle elle a été faite. Telle a été évidemment l'intention des parties contractantes, qui n'ont pu vouloir former un engagement sans en connaître les effets, ni s'en rapporter à une loi qu'elles n'ont pu prévoir.

4. *Obligations conditionnelles.* — Ce principe que la convention est toujours nécessairement fixe et précise au moment où elle se forme, puisqu'elle est le résultat de ce que les parties ont voulu arrêter entre elles; ce principe, disons-nous, est applicable aux conventions conditionnelles, et nous en concluons, comme dans les cas précédents, que la loi nouvelle ne sera pas applicable aux contrats antérieurs.

Est-il vrai de dire que les conventions conditionnelles ne peuvent être régies que par la loi existante au moment de l'accomplissement de la condition, parce qu'elles ne sont consommées qu'à l'époque où elle a été accomplie, ces conventions étant jusque-là incertaines? Nous ne pouvons l'admettre, car la condition d'un contrat, lorsqu'elle s'accomplit, remonte, par un effet rétroactif, au moment du contrat, comme si elle s'était réalisée *ab initio*, et l'obligation s'exécute comme si elle avait été pure et simple. Ce principe s'applique aux conditions suspensives comme aux conditions résolutoires. « L'accomplissement de la condi- » tion suspensive, dit Pothier (1), a un effet rétroactif » au temps que l'engagement a été contracté, et le » droit qui résulte de l'engagement est censé avoir été

(1) Pothier, *des Obligations*, partie de chap. 3, § 5.

» acquis à celui envers qui il a été contracté dès le
» temps du contrat. »

La condition résolutoire ne suspend pas l'obligation,
mais la fait cesser, lorsqu'elle s'accomplit; elle opère
la révocation de l'obligation et remet les choses au
même état que si elle n'avait pas existé. Mais le contrat n'en est pas moins pur et simple dans son principe, il s'exécute et produit tous ses effets jusqu'à
l'accomplissement ou le non accomplissement de la
condition, et l'événement qui arrive ayant également
un effet rétroactif, annule ou confirme le contrat dès
son origine, comme s'il fût arrivé au moment même
de la convention.

« Dans les conventions déjà accomplies, dit Domat,
mais qui peuvent être résolues par l'événement d'une
condition, toutes choses demeurent cependant dans
l'état de la convention, et l'effet de la condition est
en suspens jusqu'à ce qu'elle arrive (1). »

Ainsi, les effets de la convention faite sous condition suspensive ou sous condition résolutoire doivent
être régis, non par la loi en vigueur au moment où la
condition s'est accomplie, mais par la loi existante au
moment où la convention a été conclue. La convention
doit être considérée comme si elle avait été pure et
simple dans son origine, comme s'il n'y avait pas eu
de condition.

Et, d'ailleurs, l'inconvénient de détruire des espérances, des attentes produites par la loi ancienne, ne sur-
passerait-il pas le bien qui devrait résulter de l'exécution de la loi nouvelle, et n'avons-nous pas établi dans
nos principes que, dans ce cas, c'est la loi ancienne qui
doit être appliquée? De plus, nous avons reconnu que
la loi ancienne doit être appliquée lorsque les droits

---

(1) Loi civile, liv. 1er, section 4, n° 8.

sur lesquels la loi nouvelle voudrait agir sont établis par un titre irrévocable fondé, soit sur la volonté formelle de l'homme, soit sur sa volonté présumée : or, le contrat n'est-il pas une convention irrévocable? tous ses effets ne doivent-ils pas être constamment régis par la loi existante au moment où il a été fait, puisqu'il est hors de doute que les parties ont eu la volonté de prendre cette loi pour règle invariable dans tout ce qui n'était pas littéralement écrit dans l'acte?

Leur volonté serait évidemment violée, si les effets des contrats étaient régis par une autre loi, si leurs conditions essentielles, leur forme ou le mode de les prouver, étaient régis par des règles différentes.

En un mot, une loi nouvelle ne peut détruire, ni en totalité ni en partie, le caractère d'irrévocabilité qu'une convention antérieure avait reçue de la volonté des parties, et de la loi existante au moment de sa confection.

Nous appliquerons les mêmes principes.

5. *Obligations sous clause pénale.* — La clause pénale insérée dans un acte, n'était que comminatoire sous la jurisprudence ancienne; il n'en est pas de même sous le Cod. Nap.; cela résulte des dispositions des art. 1134 et 1231 combinés. *Les conventions tiennent lieu de loi à celles qui les ont faites,* porte l'art. 1134, et d'après l'art. 1231, la peine renfermée dans une obligation sous clause pénale, peut être modifiée par le juge lorsque l'obligation principale a été exécutée en partie. Ainsi, la clause pénale n'est pas comminatoire sous notre législation, puisque la liberté accordée au juge de modifier la peine n'existe que lorsque l'obligation a été exécutée en partie.

Cela établi, supposons une convention avec clause pénale, faite avant le Code, et dont l'exécution a lieu après sa promulgation : dans le cas de non exécution, la clause pénale est-elle seulement comminatoire parce que la convention a eu lieu sous la loi ancienne, ou peut-on dire que la loi nouvelle a rétabli la peine dans les effets qu'elle devrait avoir d'après les termes de la convention, et que dès lors, la partie ayant su que la peine, à laquelle elle s'était soumise volontairement, serait encourue en cas de non exécution; la partie, disons-nous, n'aurait pas droit de se plaindre, puisqu'elle pouvait éviter la peine en exécutant l'obligation.

Cette solution, nous paraîtrait contraire aux principes qui régissent les contrats. Une convention, à quelque époque qu'elle soit faite, doit toujours s'exécuter conformément à la loi ou à la jurisprudence qui était en vigueur au moment où elle a été stipulée; ainsi donc, la partie qui, avant le Code, s'était soumise à une condition pénale, sous l'empire d'une jurisprudence qui ne considérait cette condition que comme comminatoire, a dû compter que cette condition serait toujours considérée comme telle. S'il en était autrement, la nature et les effets de son obligation seraient changés à son préjudice, et l'art. 2 serait évidemment violé.

SECTION II.

Des quasi-contrats.

1. Les principes relatifs aux contrats, sont aussi applicables aux quasi-contrats, car un quasi-contrat est aussi une convention tacite, il est vrai, mais dans laquelle la loi s'est substituée aux parties, en déterminant quelles obligations doivent dériver de tel ou tel fait, quelles obligations sont attachées à tel ou tel contrat.

Ces droits, qui sans convention expresse sont établis et acquis en vertu et par la seule autorité des lois existantes à l'époque où les faits qui les ont produits se sont passés; ces droits ont la même force que s'ils avaient été acquis en vertu de conventions expresses; en conséquence, ils restent soumis, pour tous leurs effets, aux dispositions de la loi qui était en vigueur lorsqu'ils ont été acquis.

2. Une loi ne pourrait donc, sans rétroagir, faire que les obligations dérivant légalement de tel ou tel acte, ou attachées à tel ou tel contrat par la loi ancienne, produisent des effets autres que ceux qu'elle devait produire d'après cette loi.

Ainsi les biens d'un tuteur sont frappés d'hypothèque du jour de l'acceptation de la tutelle; une loi nouvelle ne pourrait lever l'hypothèque dont ces biens sont grevés, en déclarant que désormais une pareille charge ne pèserait plus sur les biens des tuteurs; cette loi n'aurait d'effet que pour les tutelles qui s'ouvriraient à l'avenir.

3. Dans le contrat de constitution de rente fait avant le Code se trouvait la convention tacite, à laquelle on ne pouvait, d'après nous, déroger par une loi postérieure, que le débiteur ne pourrait être contraint à rembourser le capital, même dans le cas où il ne paierait pas des arrérages. Cette convention tacite devait être respectée, et l'article 1912 du Code ne pouvait s'appliquer qu'aux rentes constituées depuis sa promulgation; quant à celles constituées antérieurement, le débiteur ne pouvait être contraint à les racheter, eût-il même cessé, pendant deux ans, de remplir ses obligations.

Une convention doit, en effet, être exécutée en tout temps dès qu'elle a été faite, et quand même on n'aggraverait pas la position de l'une des parties, comme dans le cas qui nous occupe. Les droits que confèrent les contrats sont trop sacrés pour qu'on puisse y porter atteinte.

CHAPITRE VII.

Lois sur la prescription.

Quels sont les effets des lois nouvelles en matière de prescription? Comment concilier les droits nouveaux avec les droits anciens?

1. Les effets d'une prescription accomplie sous l'empire d'une loi antérieure, et d'après les règles prescrites par cette loi, ne peuvent être détruits par une loi nouvelle. D'après l'art. 691 du Code Napoléon, la possession des servitudes continues non apparentes et des servitudes discontinues apparentes ou non apparentes, ne suffit pas pour les établir; mais on ne peut cependant attaquer aujourd'hui les servitudes de cette nature déjà acquises par la possession.

2. Une prescription se trouve commencée, les attentes qu'elle a produites sont-elles de nature à être respectées? Celui qui a droit d'en profiter a-t-il dû compter sur les effets qu'elle était destinée à produire? Non; car une prescription non encore accomplie, peut être à tout moment effacée par une interruption, et le législateur peut même, par des dispositions formelles, aggraver la position du débiteur, sans que celui-ci puisse se plaindre.

La loi nouvelle imposera, pour la conservation d'un droit, telle ou telle condition qui n'était pas exigée précédemment; celui qui doit remplir cette condition ne pourra invoquer la loi ancienne.

Dans ces deux cas, les parties ne sont pas prises au

dépourvu : elles ont eu connaissance de la loi nouvelle, et ne pouvaient compter sur un droit qui n'était pas encore dans leur domaine.

3. L'article 2281 du Code Napoléon porte cependant que les prescriptions commencées lors de sa publication seront régies par les lois anciennes. Evidemment cet article a été conçu pour ménager le passage d'une législation à une autre, et le législateur aurait pu faire régler les prescriptions commencées par les lois nouvelles sans violer le principe de la non rétro-activité des lois.

Au reste, il est bien entendu que cette disposition de faveur n'a point trait aux règles et aux principes établis par les lois anciennes relativement à la pres-criptibilité ou aux conditions déterminées pour la proscription ; une loi nouvelle déclarera, par exemple, prescriptible ce qui était imprescriptible ; les années qui auront précédé la loi nouvelle ne pourront servir pour la prescription, comme il semblerait résulter de l'article 2281.

Le législateur peut, comme nous l'avons dit, annuler les prescriptions commencées, comme il peut les abré-ger. Il les abrège, par exemple, lorsqu'il dispose, dans la deuxième partie de l'article 2281, que les prescrip-tions commencées, pour lesquelles il faudrait encore, suivant les anciennes lois, plus de 50 ans, à compter de la promulgation de l'article, seront accomplies par ce laps de 50 ans. L'article 2281 *in fine*, établit d'une manière précise que, dans le cas où, depuis la promulgation du titre de la prescription qui fixe à 50 ans la plus longue des prescriptions, il resterait à courir 30 ans seulement, ou moins de 50 ans, pour compléter la prescription de 40 ans ou au-delà, com-mencée avant le Code ; le temps à courir s'écoulera en entier, sans que la loi nouvelle puisse être invoquée; et ce n'est que dans le cas où il faudrait plus de 30 ans pour accomplir la prescription que la loi nouvelle, c'est-à-dire l'article 2281, trouve son application.

L'interprétation suivante nous paraît contraire à l'esprit qui a dicté l'article 2281.

On a prétendu qu'une prescription de 40 ans, par exemple, pour laquelle il y aurait 30 ans au plus de passés au moment de la promulgation de la loi qui réduit toutes les prescriptions à 30 ans, cette prescription, disons-nous, serait terminée, puisqu'il y aurait eu 30 ans d'accomplis, laps de temps le plus long autorisé par la loi pour prescrire. Ce système aurait pour résultat de surprendre les parties, car elles n'avaient pas interrompu la prescription à cause du délai qui restait à courir, et elles verraient déjouer leurs espérances au moment où elles vivraient encore en pleine sécurité.

Que décider dans le cas où une loi nouvelle trouve une prescription suspendue? Est-ce cette loi que nous devons appliquer? Évidemment oui; car une prescription suspendue n'est pas une prescription commencée, et l'article 2281 ne fait régir que par la loi ancienne les prescriptions commencées.

CHAPITRE VIII.

Des privilèges et hypothèques.

SECTION I.

1. Les privilèges et les hypothèques sont des charges imposées sur les biens d'un débiteur pour la sûreté du paiement de la dette du créancier. Ils confèrent à ce dernier des droits irrévocables qu'il ne peut perdre que

lorsque l'obligation qui leur a donné naissance s'éteint ou qu'il a renoncé à ces droits, et dès lors, il existe des droits acquis, auxquels une loi nouvelle ne pourrait porter atteinte sans être entachée de rétroactivité.

Cette règle est applicable aux hypothèques légales et judiciaires comme aux hypothèques conventionnelles.

2. S'agit-il de la constitution d'une hypothèque conventionnelle, une loi nouvelle ne peut faire perdre les droits qui en sont résultés; car, c'est en vertu d'un contrat, que cette constitution a eu lieu, et nous savons que les conventions des parties doivent être respectées.

3. De même une loi nouvelle ne pourrait autoriser des modifications à l'égard d'hypothèques légales établies sous l'empire de la loi ancienne.

Ainsi, une loi nouvelle qui autoriserait une réduction pour des hypothèques établies antérieurement, serait rétroactive, car elle retrancherait une partie du droit conféré par l'hypothèque; elle diminuerait une partie du gage sur lequel le créancier pouvait compter. Faire, par exemple, une hypothèque limitée de ce qui était une hypothèque générale, ce serait altérer le fond du droit, ce serait détruire des effets qui avaient été attachés au droit lui-même, par la loi en vigueur, au moment de la constitution d'hypothèque.

Aussi, les rédacteurs du Code, en rétablissant les anciens principes hypothécaires en faveur des femmes mariées, principes que la loi de brumaire avait abrogés, ne voulurent-ils pas aggraver la position des créanciers, en portant atteinte aux droits qui leur étaient conférés par les lois antérieures.

L'art. 2135 renferme une disposition qui devait, au moment de la promulgation de la loi du 19 mars 1804, prévenir tout effet rétroactif.

En établissant que l'hypothèque existe, indépendamment de toute inscription, au profit des femmes sur les biens de leurs maris et à compter du jour du mariage, l'art. 2135, *in fine*, établit en même temps que, si des hypothèques se trouvent déjà acquises à des tiers, au moment de la publication de la loi, et si, d'après les lois alors existantes, ces hypothèques devaient primer celles des femmes mariées, elles continueront encore à les primer après la publication de la loi nouvelle.

4. Les hypothèques judiciaires, à quelque époque qu'aient été rendus les jugements, doivent conserver toute leur force et produire tous les effets que leur attribuait la loi, sous l'empire de laquelle elles ont été acquises.

Le droit d'hypothèque, conféré par des jugements, ne peut donc être ni altéré ni réduit par une loi postérieure.

La chose jugée et tous les droits qui en résultent sont irrévocables et constituent des droits acquis qui doivent être respectés.

SECTION II.

5. Le législateur rend un éclatant hommage au principe de la non rétroactivité des lois, dans la loi du 23 mars 1855, sur la transcription. Il rentre dans notre sujet, à raison des dispositions transitoires qu'elle renferme, d'en donner une analyse succincte.

Disons d'abord, en quelques mots, quelle est l'origine de la transcription et comment elle a été introduite dans la législation qui nous régit.

6. La transcription a une origine toute féodale.

Dans les premiers temps de la monarchie française, les seigneurs, propriétaires de tous les héritages situés dans leurs domaines respectifs, en inféodèrent une partie à des vassaux ; mais ces derniers ne pouvaient s'en dire propriétaires dans t·.te l'étendue de ce mot ; le domaine direct de ces fonds restait toujours dans les mains des seigneurs, et sans leur intervention, les vassaux ne pouvaient transférer des droits à des tiers. Cette intervention du seigneur à la vente du domaine utile et le consentement qu'il y donnait, se nommait ensaisinement, et était accompagné, dans diverses provinces de l'ancienne France et notamment, dans le Hainaut, de certaines formalités plus particulièrement connues sous le nom de déshéritances et d'adhéritances, formalités qui ressemblaient à celles qui étaient en usage dans les pays de nantissement (1), sous le nom de west ou de dewest, par lesquelles on prenait civilement possession d'un héritage pour en jouir à titre de propriété, d'usufruit et d'hypothèque.

Dans l'ancienne France, on tenait registre de tous les ensaisinements, et partant, de tous les actes de vente des fiefs. Les registres étaient publics et devaient être communiqués à tout le monde.

7. Ces usages, qui tiraient leur origine du droit féodal, disparurent avec lui ; les formalités exigées dans les pays de nantissement pour la transmission et la consolidation de la propriété, furent, à compter de l'installation des tribunaux de district, remplacées, aux termes de la loi du 19 au 27 septembre 1790, par la transcription des grosses des contrats d'aliénation ou d'hypothèque. Cette transcription devait être faite au greffe du tribunal de district, dans le ressort duquel les immeubles étaient situés. Cette loi de 1790 est le premier monument législatif qu'ait introduit dans le droit français le mot de transcription.

(1) Les Pays-Bas, la Picardie et le Vermandois étaient appelés pays de nantissement.

8. L'Assemblée constituante trouva, dans les coutumes, deux choses bien distinctes : les formalités du west et du dewest qu'elle abolit et la publicité des contrats translatifs de propriété et constitutifs de droits réels.

Elle conserva la publicité dont l'utilité lui parut incontestable, laissant de côté ce qui pouvait rappeler des institutions incompatibles avec le nouveau système de gouvernement : cette publicité, elle l'exigea, non seulement pour la validité des actes à l'égard des tiers, mais encore pour leur validité entre parties.

9. Enfin, en l'an VII, parut une loi qui réglementa le régime hypothécaire et étendit à toute la France des dispositions que la loi de 1790 n'avait appliquées qu'aux pays de nantissement.

Tout acte d'aliénation, d'après la loi du 11 brumaire, pour pouvoir être opposé aux tiers, dut subir la formalité de la transcription sur les registres publics. La préférence entre deux acquéreurs fut accordée à celui qui avait fait transcrire le premier, bien qu'en réalité son titre fût postérieur en date. L'acquéreur, par l'accomplissement de cette formalité, était affranchi des hypothèques non inscrites, alors même qu'il les avait connues avant la transcription de son contrat.

Cette loi différait de la loi de 1790, en ce que la transcription n'était pas, comme sous l'empire de cette dernière, nécessaire pour la translation de la propriété, à l'égard des parties, mais seulement pour le transfert à l'égard des tiers.

10. Le Code Napoléon changea cet état de choses : en laissant subsister la nécessité de la transcription pour les donations et les substitutions, il modifia d'une manière sensible le système de la loi de brumaire.

Sous l'empire du Code, le consentement seul est re-

connu suffisant pour transférer la propriété, non seulement entre parties, mais même à l'égard des tiers. Dès
que les parties sont d'accord, le vendeur est par le fait
même dessaisi de la propriété ; il ne peut plus revendre
les biens acquis par l'autre partie ; il ne peut ni les revendre ni les grever de nouvelles hypothèques ; sous
l'empire du Code, la transcription devient une formalité
préliminaire de la purge des hypothèques ; elle conserve
le privilége du vendeur, sert à tout acquéreur à titre
gratuit et à titre onéreux pour fixer le point de départ de
la prescription des hypothèques : elle fait courir le délai
de 15 jours, dans lequel les créanciers hypothécaires ou
privilégiés, non inscrits au moment de l'aliénation, doivent, en vertu de l'art. 834 du Code de procédure,
prendre inscription sous peine de déchéance.

11. Cependant, l'expérience de 50 années écoulées
sous l'empire du Code, avait fait reconnaître les inconvénients du système suivi en matière hypothécaire.

La difficulté et même l'impossibilité de savoir, d'une
manière certaine et publique, quel était le véritable propriétaire, entraînait des fraudes nombreuses.

On avait reconnu le danger que courait l'acquéreur
de bonne foi d'être évincé, malgré l'authenticité et la
publicité de son acte, de sa mise en possession et le
paiement régulier de son prix, d'être évincé par un acquéreur précédent qui s'était laissé ignorer et dont l'acte
sous seing privé, tenu secret, avait pu acquérir date
certaine par un enregistrement clandestin. D'un autre
côté, les prêteurs pouvaient être surpris et dépossédés
par des aliénations faites la veille et qu'ils n'avaient aucune raison de soupçonner, alors qu'ils s'étaient assurés
de la valeur de l'immeuble qu'on leur avait donné en
gage, des droits du propriétaire, de la non existence
d'inscriptions antérieures.

Enfin, il pouvait arriver que la valeur du gage offert aux prêteurs, eût été altérée secrètement par une constitution d'usufruit, par la concession d'un bail de longue durée faite à vil prix, par le paiement anticipé d'un grand nombre d'années de loyer, par l'établissement d'une antichrèse.

Ces inconvénients, la transcription devait les faire disparaître. Aussi les Cours et les Facultés, consultées en 1841, se prononcèrent-elles presque toutes pour le rétablissement de la transcription de la loi de brumaire.

12. La loi du 2 mars 1855, a rétabli le principe de publicité, édicté dans la loi de l'an VII : elle l'a même étendu, en soumettant à la formalité de la transcription les démembrements de la propriété et certains droits que la loi de brumaire n'y avait pas assujettis.

13. D'après notre loi, les droits de propriété continuant à être transmis entre parties par le seul effet du consentement ne pourront l'être à l'égard des tiers que par la transcription.

Jusqu'à l'exécution de cette formalité, les droits qui résultent d'un contrat ou d'un jugement ne pourront être opposés, à ceux qui auront eux-mêmes, sur les immeubles vendus, des droits qu'ils auront conservés en se conformant aux lois. Mais, une fois la transcription opérée, l'éviction n'est plus à craindre, et le droit de propriété est solidement établi sur la tête de l'acquéreur.

La transcription est exigée pour les actes entre-vifs, translatifs de propriété immobilière, ou de droits réels, susceptibles d'hypothèques, pour tous les actes constitutifs d'antichrèse, de servitude, d'usage et d'habitation. Elle l'est aussi pour les actes qui pourraient diminuer la valeur de l'objet aliéné; par exemple, pour les baux d'une durée de plus de 18 ans; pour les actes ou jugements qui constatent, même pour bail de moins de 18 ans, quittance ou cession d'une somme équivalente à 3 années de fermages ou loyers non échus. (Art. 1 et 2.)

14. Mais l'effet de ces actes et de ces jugements, pour lesquels la loi du 2 mars exige la transcription, sera réglé par la législation, sous laquelle ils sont intervenus, c'est-à-dire que ceux qui ont date certaine avant le 1er janvier 1856, ne seront pas soumis à cette formalité. Le respect des droits acquis, les fraudes et les procès qui devaient s'ensuivre, s'il avait fallu, pour les rendre valables, transcrire un si grand nombre d'actes qui en étaient dispensés sous le Code, ont dicté cette disposition.

Les jugements sont des faits accomplis, auxquels il ne manque rien pour leur perfection. Dès lors qu'ils sont rendus, ils confèrent à ceux qui en sont les bénéficiaires, des droits acquis dont la valeur ne peut être subordonnée à des formalités établies par une loi nouvelle.

15. Une des dispositions les plus importantes de notre loi, est celle que renferme l'art. 6. D'après cet article, dès que la transcription d'un acte translatif de propriété est opérée, les créanciers privilégiés ou ayant hypothèque aux termes des art. 2123, 2127, 2128 du Code Napoléon, ne peuvent prendre inscription sur le précédent propriétaire.

Ce même art. 6 abroge les art. 834 et 835 du Code de procédure, qui autorisaient l'inscription de l'hypothèque dans la quinzaine de la transcription de l'acte translatif de propriété.

16. Mais enlever au vendeur un délai pour la conservation de son privilége, alors que les art. 834 et

835 lui accordaient quinze jours pour faire inscrire son privilége, c'était revenir au système du Code Nap. modifié par les articles précités; il était aussi bien rigoureux de priver le copartageant du délai de deux mois, qui lui était accordé, à partir de l'acte de partage ou d'adjudication. Aussi, l'art. 6 introduit-il une exception en faveur du vendeur ou du copartageant; à la différence des autres créanciers, qui doivent s'inscrire avant la transcription faite par l'acquéreur, ceux-ci pourront utilement inscrire les priviléges à eux conférés, par les art. 2108 et 2109 du Code Napoléon, dans les quarante-cinq jours, à dater de l'acte de vente ou de l'acte de partage, nonobstant toute transcription d'actes faits dans ce délai.

17. Il était à craindre que des vendeurs ou des copartageants, se trouvassent exposés à des déchéances pour avoir négligé de s'inscrire avant le 1er janvier 1856, et fussent évincés par des acquéreurs qui, après avoir acheté des immeubles sur lesquels existaient ces priviléges, auraient ensuite fait transcrire leur acte.

Le législateur voulant faciliter l'application de la loi, autorise les vendeurs et les copartageants à inscrire leur privilége après le 1er janvier 1856; il exige seulement que ces créanciers privilégiés se trouvent encore dans le délai de 45 jours, dont le point de départ doit être l'acte de vente ou l'acte de partage.

18. Il existe dans le Code, en faveur du vendeur, un droit réel, opposable non seulement à l'acquéreur, mais encore aux tiers, droit en vertu duquel doivent être anéanties rétroactivement toutes aliénations, toutes affectations hypothécaires ou autres consenties par l'acquéreur; ce droit c'est le droit de résolution.

L'action résolutoire restant occulte, alors que le privilége était soumis à la publicité, était une cause de trouble dans le régime hypothécaire.

L'extinction du privilége n'entraînant pas celle de l'action en résolution du vendeur non payé, il pouvait arriver que le vendeur, après avoir négligé de conserver son privilége, eût la faculté d'exercer pendant 30 ans l'action résolutoire; il en résultait que les tiers demeuraient pendant longtemps exposés à l'éviction et qu'ils étaient dépouillés de leur propriété par l'exercice d'une action dont rien ne leur avait révélé l'existence.

La loi nouvelle, sans rien changer, en ce qui touche les rapports entre le vendeur et l'acheteur, établit dans l'art. 7, que l'extinction du privilége du vendeur entraînera, au regard des tiers, l'extinction de l'action résolutoire, alors que ces tiers auront acquis des droits sur l'immeuble du chef de l'acquéreur, et qu'ils se seront conformés aux lois pour les conserver.

Cette disposition de la loi, malgré son utilité, aurait été bien rigoureuse dans son application, si le législateur n'avait laissé subsister l'action résolutoire pour les ventes déjà effectuées dans le cas où le privilége du vendeur serait éteint.

Mais, en témoignant de son respect pour le principe de la non rétroactivité des lois, le législateur a voulu éviter aussi que l'on restât, pendant 30 ans, à partir du jour où la loi serait exécutoire, exposé aux actions résolutoires, qui auraient pris naissance auparavant, et dont on pourrait ignorer l'existence: il a exigé que l'inscription de cette action résolutoire fût faite dans le délai de 6 mois, à partir du 1er janvier 1856.

19. Les art. 8 et 9 s'occupent des hypothèques légales de la femme mariée et du mineur.

Si la veuve, si le mari devenu majeur, l'interdit relevé de l'interdiction, leurs héritiers ou ayant cause, n'ont pas pris inscription dans l'année qui suit la dissolution du mariage ou la cessation de la tutelle, leur hypothèque ne datera à l'égard des tiers que du jour des inscriptions prises ultérieurement (art. 8).

Ainsi disparaîtront les embarras résultant de l'incertitude sur la durée légale de l'hypothèque de la femme et du mineur, depuis la fin de la tutelle ou la dissolution du mariage, et des dispositions du Code Napoléon, qui laisse ces hypothèques occultes se prolonger au-delà du terme des incapacités qui les ont fait établir.

Cependant il aurait été trop rigoureux d'appliquer la loi nouvelle aux femmes mariées, aux mineurs dont le mariage aurait été dissous, dont la tutelle aurait cessé avant l'époque où la loi est exécutoire; aussi le législateur fixe-t-il comme point de départ de l'année après laquelle l'inscription ne peut plus être prise, le 1er janvier de l'année 1856, alors même que le mariage aurait été dissous, ou que la tutelle aurait cessé avant cette époque.

20. Aux termes de l'art. 9 de notre loi, la cession d'une hypothèque légale où la renonciation à une hypothèque de cette nature doit être faite par acte authentique, et les cessionnaires n'en sont saisis à l'égard des tiers que par l'inscription de cette hypothèque, prise à leur profit ou par la mention de la subrogation en marge de l'inscription préexistante.

La loi nouvelle, en exigeant pour les actes de cession l'authenticité, a voulu prémunir la femme mariée sous un régime où elle peut céder son hypothèque légale à un tiers ou y renoncer en sa faveur, contre sa trop grande facilité à consentir des actes de cette nature.

Sous l'empire du Code, la femme qui n'est pas mariée

sous le régime dotal, et qui peut par conséquent aliéner la dot mobilière comme la dot immobilière, peut céder, nous le savons, son hypothèque légale à un tiers ou y renoncer. Les créanciers qui ont pu être successivement subrogés à la même hypothèque par la femme sont colloqués suivant la date de leurs actes de subrogation et sont, comme la femme, dispensés d'inscription.

La nouvelle loi a voulu prévenir les dangers qui pourraient résulter de cette dispense, dangers auxquels les créanciers sont exposés par l'ignorance où ils peuvent être des subrogations déjà consenties par la femme. Sous l'empire du Code, les créanciers subrogés pouvaient voir disparaître le gage sur lequel ils avaient compté, et leur garantie s'évanouir devant des subrogations antérieures. Aussi la loi nouvelle veut-elle que les cessions ou renonciations, pour être valables à l'égard des tiers, soient inscrites, de même que la mention de la subrogation, en marge de l'inscription préexistante.

L'authenticité est exigée pour cet acte de subrogation, qui doit servir de première base à une inscription qui ne peut elle-même se fonder que sur un acte solennel.

La valeur de ces sages dispositions aurait été bien moindre; des droits acquis auraient été atteints, si les subrogations ou renonciations ayant date certaine avant le moment où la loi serait devenue exécutoire, avaient dû être constatées par des actes authentiques et assujetties à la formalité de l'inscription.

La loi permet aux tiers de se prévaloir des droits que leur conféraient les lois existantes à l'époque où ils les ont acquis, et rend ainsi un nouvel hommage au principe de la non rétroactivité des lois.

2 1. Telles sont les modifications apportées dans le régime hypothécaire par la loi du 23 mars 1855.

Il ne nous appartient pas de discuter si cette loi est complète; si ses dispositions, en prévenant certains dangers, n'en entraînent pas d'autres; si l'existence de la prescription qu'on ne peut connaître, si la non publicité des dispositions testamentaires n'atténuent pas les bons effets que pourrait produire la loi, et si on peut considérer comme complétement rempli le but qu'a paru se proposer le législateur, celui de soumettre à un régime de publicité absolue la propriété immobilière et les charges qui la grèvent, si désormais l'acquéreur pourra toujours connaître la position qui lui est faite par le contrat, si le prêteur pourra apprécier facilement et sûrement la valeur du gage qui lui est offert par l'emprunteur.

CHAPITRE IX.

Lois pénales.

SECTION I.

Lois de fonds en matière pénale.

1. *Nulle contravention, nul délit, nul crime ne peut être puni de peines qui n'étaient pas prononcées par la loi avant qu'ils fussent commis* (art. 4, C. pénal).

Nous retrouvons dans cet article le principe tutélaire auquel toutes les lois sont soumises, mais dont l'application en matière criminelle est subordonnée à la condition que la peine infligée par la loi contemporaine du crime ou délit ne sera pas plus rigoureuse que la loi nouvelle.

Le décret du 23 juillet 1810, qui ordonnait la mise en activité du Code dans lequel se trouve l'article déjà cité, s'exprimait ainsi dans son art. 16, et traçait à la doctrine et à la jurisprudence la voie qu'elle devait suivre :

Si la nature de la peine prononcée par le nouveau Code pénal est moins forte que celle prononcée par le Code pénal qui nous régit, les cours et tribunaux appliqueront les peines du nouveau Code.

Cette disposition n'était que la reproduction de celles du Code de 1791.

Deux principes se trouvent donc en présence : l'un établi dans l'art. 4 du Code pénal, l'autre dans l'art. 16 du décret qui ordonne la mise en activité du Code. Comment les concilier dans l'application des lois nouvelles en matière pénale?

Examinons les différents cas qui peuvent se présenter.

2. Une loi survient qui punit un fait que les lois précédentes ne condamnent pas.

On appliquera la loi du temps de l'infraction, car le fait incriminé d'après la loi nouvelle était permis jusqu'alors : il n'y a point eu violation d'une défense faite par le pouvoir social; ainsi, l'auteur du fait ne peut être poursuivi ni puni en vertu de la loi nouvelle.

Même solution pour le cas où une loi nouvelle prononcerait une aggravation de peine pour la répression d'un certain genre de délit.

Le délit commis sous cette loi ancienne serait puni de la peine qu'elle établit et non de la peine établie par la loi nouvelle, car celui qui s'est rendu coupable d'un délit ne pouvait s'attendre, au moment du délit, que le fait dont il se rendait coupable serait puni d'une peine plus forte que celle qui existait à cette époque.

Dans ces deux cas, en appliquant la loi la plus douce, on ne viole pas le principe de la non rétroactivité des lois : dans les cas suivants, il n'en sera pas de même.

3. La loi nouvelle supprime une incrimination, adoucit la pénalité. Nous appliquerons la loi nouvelle ; c'est faire de la rétroactivité, il est vrai, mais de la rétroactivité humaine, politique et favorable à tous.

La société, en effet, ne peut avoir intérêt à l'application d'une peine reconnue trop sévère et que, d'ailleurs, elle a jugée être désormais inutile au maintien de l'ordre social.

Si le législateur a substitué une peine douce à une peine sévère, c'est qu'il ne trouve plus dans les faits sur lesquels il statue le caractère d'immoralité, de culpabilité qui avait légitimé la gravité de la peine établie par la loi ancienne ; et d'ailleurs, c'est pour l'avantage de l'accusé qu'il est défendu aux juges de faire rétroagir les lois pénales ; on ne peut donc pas faire tourner cette défense à son préjudice. Au reste, il n'y a véritablement rétroactivité que lorsqu'une loi change le passé au préjudice des personnes qui sont l'objet de ses dispositions.

La loi nouvelle produit un effet d'intimidation suffisant lorsqu'elle peut atteindre tous ceux qui, par la suite, mépriseront sa menace.

4. Un fait était puni par les lois existantes au moment où il s'est accompli : au moment où l'auteur du fait va subir son jugement, ces lois sont abrogées ; l'auteur du fait ne sera pas passible des peines établies par la loi ancienne ; c'est une conséquence des principes connus.

Il n'en serait pas de même si, le jugement étant rendu, une loi nouvelle adoucissait ou supprimait la peine. Il y aurait, dans ce cas, violation flagrante de la chose jugée, si, d'ailleurs, aucun texte n'attache l'annulation des jugements antérieurs à la promulgation de la loi nouvelle.

5. Dans l'intervalle entre un délit et le jugement de ce délit, a existé une législation transitoire qui frappait le délit en question d'une peine plus douce que la peine de la loi ancienne et que la peine de la loi nouvelle : la peine intermédiaire sera appliquée ; des retards accidentels de procédure ou autres ne doivent pas avoir pour résultat une aggravation dans la position de l'accusé.

6. Une nouvelle loi élève le maximum de la peine établie par la loi contemporaine du délit et abaisse le maximum ; ;dans ce cas, comme dans les cas précédents, c'est la législation la plus favorable qui doit être appliquée. Mais la question est de savoir laquelle des deux est la plus favorable, de la législation ancienne ou de la législation nouvelle.

La loi la plus douce nous paraît être la loi nouvelle, parce qu'elle abaisse le maximum.

En effet, celui qui s'est rendu coupable d'un délit n'a pu craindre qu'une condamnation à la peine la plus élevée, fixée par la loi contemporaine du délit, mais rien au delà : il a, si je puis parler ainsi, un droit acquis à ne pas se voir appliquer une peine plus forte que celle qui existait au moment du délit ; mais il n'a pu compter qu'on userait à son égard de la faculté d'abaisser la peine jusqu'à sa dernière limite ; et il ne peut se plaindre de se voir appliquer une loi nouvelle, qui élève le minimum, il est vrai, mais qui, en abaissant le maximum, peut souvent lui être plus favorable que l'ancienne.

Il semble que, pour obéir d'une manière rigoureuse au principe qui admet l'application de la loi la plus douce, il faudrait combiner la loi ancienne et la loi nouvelle, et conserver, en faveur du prévenu, le minimum de la loi abrogée, en le faisant jouir du maximum abaissé de la loi nouvelle; mais le principe admis en matière criminelle, n'est pas qu'on doive, dans l'intérêt de l'accusé, prendre dans chaque loi ce qu'il y a de favorable et en évitant ce qu'il y a de rigoureux: le condamné a droit seulement à se voir appliquer celle des deux qui est la plus douce.

7. L'amnistie est une loi favorable à l'accusé ou au condamné; aussi régit-elle les faits antérieurs, même les condamnations, qu'elle détruit, en démentant la présomption *juris* et *de jure* qui s'y attachait.

Elle rétroagit en ne laissant subsister aucune trace de la condamnation, qu'elle dépouille de toute autorité et brise dans son principe, en effaçant même les incapacités qui y sont écrites.

8. L'habitant d'un pays réuni à la France ne pourra être légalement recherché à l'égard d'un fait réputé crime ou délit en France, mais qui, avant cette réunion, n'avait pas ce caractère dans sa patrie; et dans le cas où le fait qui lui est imputé est réputé crime ou délit dans les deux pays, on appliquera la loi des deux pays qui sera la plus favorable à l'accusé.

SECTION II.

Des lois de forme en matière pénale,

1. Les lois sur la compétence attribuent la connaissance de tels ou tels faits à telle ou telle juridiction.

Si le législateur juge qu'il est plus rationnel, soit pour des raisons d'ordre public, soit pour tout autre, d'attribuer la connaissance de certains faits à une nouvelle juridiction, ce changement ne sera, de sa part, que l'exercice légitime de son droit de souveraineté.

Les lois sur la procédure établissent les règles qui doivent conduire à la découverte de la vérité.

Si le législateur ne croit pas que les lois anciennes puissent atteindre ce but, il lui est loisible de les modifier; il peut même, sans rétroagir, les abroger, les remplacer par de nouvelles.

2. Avant d'aller plus loin, demandons-nous si nous sommes fondés en établissant, en matière criminelle, une distinction entre le fonds du droit et la forme, pour ce qui concerne le droit de l'accusé à se voir appliquer le principe de l'article 4.

Des auteurs veulent que la forme et la compétence constituent une partie même du droit de l'accusé, qu'il y puise sa défense.

« Les juges naturels de tout prévenu ne sont-ils pas ceux existant au jour de la consommation du fait.

« La règle de la compétence, règle tutélaire, est que tout citoyen ne peut répondre de ses actes que devant un tribunal certain et connu d'avance. » (Chauveau et Hélie) (1).

« Alors même, dit Mailher de Chassat, alors même qu'une loi exceptionnelle, traçant des formes nouvelles d'instruction, attribue aux tribunaux qu'elle institue, la connaissance de certains délits connus antérieurement à sa promulgation qui sont de la compétence des tribunaux précédents, les formes anciennes n'en doivent pas moins être religieusement observées, comme garanties de justice dans l'intérêt des accusés. » (2).

3. Ces autorités ne peuvent nous faire admettre un système qui tendrait à faire maintenir des formalités

----

(1) Tome 1, chap. 2, page 50.

(2) Mailher de Chassat, *Comment. du Code civil*, tome. 2, page 256.

vicieuses dans l'intérêt de l'accusé, intérêt contestable, mais au détriment de la vérité, pour la découverte de laquelle les lois ont été établies ; à laisser peut-être subsister des juridictions qui ne remplissent pas le but dans lequel elles ont été constituées, celui de réprimer les crimes et les délits.

La position des accusés dont les délits sont soumis à une autre juridiction que celle qui existait au moment où il les eût commis, peut être, il est vrai, moins favorable en fait : ils peuvent comparaître devant une juridiction dont ils n'avaient pu prévoir l'établissement ; mais, en droit, peut-on supposer qu'une juridiction, régulièrement établie, apprécie les faits différemment et sous un point de vue moins favorable pour l'accusé ? La pénalité n'a pas changé avec la juridiction, et une pénalité plus forte n'a pas été substituée à la pénalité établie par la loi antérieure. La seule chose dont l'accusé aurait pu se plaindre, c'eût été de se voir appliquer une peine plus forte que celle que prononçait la loi ancienne, pour les délits du genre de ceux dont il s'est rendu coupable.

4. Ces principes étaient admis sous la législation intermédiaire.

L'article 30 de la loi du 8 pluviose an IX portait : « A compter du jour de la présente loi, tous les détenus pour crimes de nature de ceux mentionnés par le titre 2, seront jugés par le tribunal spécial. En conséquence, il est enjoint à tous les juges de les y renvoyer, avec les pièces, actes et procédures déjà commencés. »

Cette distinction entre le fonds du droit et la forme, fut consacrée par un arrêt de la Cour de cassation, du 20 mars 1822.

Cet arrêt décida que le principe de la non rétroactivité n'était applicable qu'au fonds des droits acquis et à la punition des délits antérieurement commis, mais nullement aux règles d'après lesquelles ces droits et ces délits devaient être poursuivis devant les tribunaux.

Le fonds du Droit, disait encore un arrêt de la Cour de Paris de 1832, est toujours soumis à la loi existante au moment du délit, à moins qu'elle ne soit plus sévère : la forme, la procédure et la juridiction dépendent de la loi qui vient d'en investir une autre autorité.

« L'homme, accusé d'un crime ou d'un délit, a bien le droit de n'être puni que selon la loi existante au moment où il a commis le fait qu'on lui reproche. Mais les juridictions, relatives à la compétence, à la juridiction, tiennent à l'ordre public et ne peuvent attenter à des droits acquis qui ne sauraient résulter que des jugements rendus.

La forme même du jugement n'est qu'une expectative qui ne saurait constituer un droit acquis aux règles de l'intérêt général de la société (1). »

5. Les lois de pure instruction, par exemple, celles qui ne déterminent que la forme suivant laquelle une preuve pour ou contre l'accusé sera reçue : ces lois nouvelles s'appliqueront aux faits non jugés antérieurs à leur promulgation, même aux faits qui ont été l'objet d'un commencement de procédure, avec la restriction, dans ce dernier cas, que tout ce qui a été fait d'après les règles anciennes, conservera toute la force que lui attribuait la législation ancienne.

« Si le principe de la non rétroactivité était violé par un changement dans le mode de procéder et de juger, et par l'application de ce changement à des affaires commencées antérieurement à cette époque, ou seule-

(1) Réquisitoire de M. Voysin de Gartempe — 30 juin 1832.

ment dont la cause fût antérieure, il en résulterait que
quand un tribunal est substitué à un autre, celui qui est
supprimé n'en devrait pas moins continuer ses fonc-
tions concurremment avec le nouveau (1). »

6. Les lois d'instruction, se liant à la question du
fonds, par exemple, celles qui déterminent, non plus
dans quelle forme telle ou telle preuve sera reçue, mais
si telle ou telle preuve pourra être produite, doivent
recevoir une application immédiate.

Elles sont présumées avoir été établies dans le but
également louable d'offrir des garanties à l'innocence
et de donner à la société les moyens de se faire respecter plus sûrement ou plus promptement.

7. Les lois organisatrices de juridictions nouvelles,
les lois qui établissent des juridictions à la place de
celles qui existaient déjà, recevront aussi immédiatement leur application, alors même, dans ce dernier cas,
que les juridictions anciennes sont saisies des procédures sur les faits à raison desquels ont eu lieu des
poursuites.

Les juridictions nouvelles fonctionneront donc dès
la promulgation de la loi qui les établit, et pourront
continuer les procédures commencées.

L'assemblée législative donna, en 1848, la consécra-
tion de son autorité souveraine aux principes que nous
venons d'exposer, en décidant que les accusés du
15 mai seraient renvoyés devant la Haute-Cour nationale, qui n'avait cependant été instituée que postérieu-
rement à l'attentat.

8. C'est un principe de droit criminel consacré par
la jurisprudence et par la doctrine, que la substitution

(1) Legraverend, *Traité de Législ. crim.*, t. 2, p. 256.

d'un mode d'exécution à un autre, n'est entaché d'aucune espèce de rétroactivité.

Une loi nouvelle, sur le mode d'exécution des peines, peut être appliquée aux condamnations prononcées antérieurement ; si un mode d'exécution est reconnu mauvais, le législateur peut faire des améliorations, et ne fait en cela que remplir sa mission sociale et conservatrice.

Il n'y a, pour ce qui concerne l'exécution des peines, de droit acquis ni pour ni contre la société.

La loi des 3-31 mai, par exemple, change le lieu d'exécution de la peine des travaux forcés. Cette loi, en obligeant les individus condamnés, antérieurement à sa promulgation, à subir leur peine dans les colonies françaises, fait-elle de la rétroactivité ?

Non ; il ne s'agit ici que du mode d'exécution. Le changement de lieu ne touche pas à la nature de la peine qui demeure la même, et on ne peut dire que ce changement soit véritablement préjudiciable au condamné.

La nouvelle loi, en accordant aux condamnés qui se seront rendus dignes d'indulgence par leur bonne conduite la faculté d'obtenir des concessions de terrain après leur libération, l'exercice de quelques droits civils et même l'autorisation de jouir et de disposer de tout ou partie de leurs biens, n'a-t-elle pas fait assez pour eux ; n'a-t-elle pas d'un côté assez amélioré leur position, en supposant qu'elle l'eût aggravée d'un autre, pour pouvoir être appliquée à des faits antérieurs sans être accusée de rétroactivité ?

Les art. 6 et 8 de la loi des 3-31 mai établissent des peines nouvelles pour les condamnés qui tenteraient de s'évader ; mais l'art. 15, qui établit que les art. 6 et 8 ne seront applicables qu'aux crimes ou délits commis depuis sa promulgation, alors que les autres dispos' ions de la loi no doivent s'appliquer qu'aux condamnations antérieurement prononcées et aux crimes antérieurement commis, prouve bien claire· ment que le législateur a voulu, dans l'ensemble de cette loi, améliorer la position des condamnés.

SECTION III.

1. Il rentre dans notre sujet d'étudier au point de vue de la non rétroactivité des lois la loi du 2-31 mai 1854 sur la mort civile. Nous trouverons dans cette loi, comme dans la loi du 23 mars 1855, le respect du législateur pour les droits acquis.

La mort civile, léguée à la législation française par la législation romaine, rétablie par l'ordonnance de 1670 et par l'ordonnance de 1747, fut admise dans le Code Napoléon, malgré la vive opposition du Tribunat.

Pendant la période qui nous sépare de la promulgation de ce Code, en 1816 (1), en 1832 (2), en 1834 (3), les scrupules du tribunat furent ranimés. On insista sur la nécessité d'abolir cette vieille fiction de la mort civile, de cette peine qui, comme le disait M. Rossi (4), attache à une fiction les conséquences les plus déplorables, et par laquelle on décide qu'a cessé d'être père, fils, mari, parent, celui qui, en dépit de toutes les aberrations humaines, n'en est pas moins père, fils, mari, parent, ayant comme tel des liens naturels, des devoirs

(1) Quelques jurisconsultes prétendirent que la loi abolitive du divorce avait effacé implicitement la dissolution du mariage du nombre des effets de la mort civile.

(2) M. Barthe promet de faire préparer un projet de loi sur l'abolition de la mort civile.

(3) MM. Taillandier et Devaux présentent à la chambre des députés un projet qui substituait à la mort civile la dégradation civique et l'interdiction.

(4) Droit pénal, t. 3, p. 206.

et des droits qu'aucune puissance ne saurait détruire
et légitimement paralyser.

En 1848 et 1849, de nouvelles tentatives furent
faites, tendant à l'abolition de la mort civile (1).

Plus tard, la question fut reproduite de nouveau ; de
savants criminalistes vinrent donner au législateur
l'appui de leurs éloquentes dissertations.

En 1851, un rapport fut présenté à l'Assemblée
législative sur un projet de loi qui abolissait la mort
civile. La dissolution de l'Assemblée fit que ce projet ne
put être discuté. Mais ce projet de loi donnait satisfac-
tion à l'opinion, étonnée de voir dans nos lois ce reste
de barbarie ; aussi le système qu'il proclamait fut
définitivement consacré par la loi du 2-31 mai 1854.

2. Au moment où cette loi parut, la mort civile était
abolie en partie.

La loi du 8 juin 1850 sur la déportation portait que,
dans aucun cas, la déportation n'emporterait la mort
civile (art. 3). De plus, cet article annonçait une loi
nouvelle sur les effets civils des peines perpétuelles, en
disposant que les déportés seraient, jusqu'à ce qu'il eût
été statué à cet égard, en état d'interdiction légale,
conformément aux art. 29 et 31 du C. pénal.

Le projet de loi sur l'exécution des travaux forcés
renfermait un article qui abolissait la mort civile pour
les condamnés à cette peine ; ce qui, au fond, était une
abolition complète. L'article fut supprimé. Cependant
la disposition que contenait l'article n'en était pas
moins à la veille d'être sanctionnée par une loi, la plus
belle sans contredit de la dernière période législative,
à raison des droits précieux qu'elle sauvegarde.

(1) Projet de loi tendant à l'abolition de la mort civile, soumis par
M. Vallon à l'Assemblée législative.

7

La mort civile est abolie par cette loi du 2 mai, mais cette abolition n'est pas prononcée seulement en faveur des individus qui seraient condamnés plus tard ; elle produit des effets très importants à l'égard des condamnés actuellement morts civilement. Examinons donc comment nous devons appliquer à ses dispositions le principe de la non rétroactivité des lois.

3. Un des principaux effets de la mort civile était l'incapacité encourue par le condamné de disposer de ses biens en tout ou en partie, soit par donation entre-vifs, soit par testament, et de recevoir à ce titre, si ce n'est pour cause d'aliments.

Dans la loi abolitive de la mort civile (art. 5), nous trouvons cette même prohibition attachée à la condamnation à une peine afflictive perpétuelle : doit-elle être appliquée aux individus morts civilement au moment de la promulgation de la nouvelle loi ?

Si l'incapacité de disposer, de la loi nouvelle, était une peine plus grave que celle établie sous l'empire de l'art. 25 (C. Nap.), en vertu du principe de l'art. 4 (C. pénal), les individus morts civilement à l'époque de la promulgation de la nouvelle loi ne devraient pas la subir.

Si cette incapacité était une conséquence immédiate de la mort civile, on ne devrait pas non plus l'appliquer, puisque la mort civile est abolie.

On pourrait l'appliquer si cette incapacité était la conséquence de l'interdiction légale que la loi nouvelle substitue à la mort civile, et à laquelle elle soumet les individus morts civilement au moment de sa promulgation.

Mais cette incapacité n'est pas une conséquence de l'interdiction légale dans les vues de la nouvelle loi ; ce qui le prouve, c'est que l'interdiction légale qu'elle établit dans l'art. 2 ne date, dans les condamnations par contumace, que de l'exécution fictive, tandis que l'incapacité établie dans l'art. 3, § 1, ne commence que 5 ans après l'exécution par effigie.

Le présent article, dit le § 3 du même article, *n'est applicable au condamné par contumace que 5 ans après l'exécution par effigie.*

4. Néanmoins, cette incapacité, nous l'appliquerons aux individus morts civilement au moment de la promulgation de la nouvelle loi, sans craindre de violer le principe de la non rétroactivité des lois, surtout en présence du § 2 de l'art. 5, qui dit : L'état des morts civilement est régi par les dispositions de notre loi.

Et d'abord, l'incapacité de disposer était une peine accessoire de la mort civile; elle n'en était pas une conséquence immédiate; elle en était indépendante : le législateur refusait au condamné à une peine perpétuelle le droit de disposer de ses biens par testament; le droit de tester est une magistrature domestique qu'il ne le jugeait pas digne d'exercer. Il serait, d'ailleurs, étrange que les criminels condamnés, sous l'empire d'une législation sévère, fussent dans une situation meilleure que ceux qui le seraient après la promulgation d'une loi favorable.

Le législateur du 2 mai n'a-t-il pas pu reproduire cette disposition pour les mêmes motifs, sans entendre conserver une conséquence de la mort civile?

Telle a été son intention; et nous pouvons admettre, sans craindre de violer le principe de l'art. 4, que cette disposition devra s'appliquer non seulement aux individus qui seront condamnés à l'avenir à une peine à une peine perpétuelle, mais encore à ceux qui sont morts civilement au moment de la promulgation de la loi du 2 mai.

Et c'est à tort qu'on regrette de voir reproduire une disposition de l'art. 5 dans une loi toute de faveur ; car l'art. 4 ne vient-il pas modifier ce que cette disposition peut avoir de rigoureux. *Le gouvernement, dit l'art. 4, peut relever le condamné à une peine afflictive perpétuelle de tout ou partie des incapacités prononcées par l'article précédent.*

Le législateur ne donne-t-il pas ainsi au gouvernement le moyen d'adoucir ce qu'il pourrait y avoir de trop rigoureux dans l'art. 5 en faveur des condamnés qui seraient reconnus dignes d'intérêt, réservant l'application entière de ses dispositions pour les criminels endurcis.

5. Tels sont les principes pour les individus condamnés contradictoirement. Mais comment ferons-nous l'application de l'art. 4 dans le cas de condamnation par contumace ?

Un individu a été condamné par contumace sous l'empire de l'art. 25 du Code Nap., il reparaît sous l'empire de la loi du 2 mai. S'il avait été condamné et s'il avait reparu sous l'ancienne législation de l'art. 25. Dans le cas où il n'aurait reparu que 5 ans après l'affiche du jugement, que l'arrêt rendu contradictoirement l'eût condamné ou absous, il ne serait rentré dans la plénitude de ses droits civils que pour l'avenir. Les donations faites ou reçues pendant ce temps seraient restées nulles, tandis que s'il avait reparu dans les cinq ans de sa condamnation par contumace, il n'aurait pas été censé mort pour le passé, et les donations entre-vifs qui lui auraient été faites, auraient été valables ; celles qu'il aurait pu faire, l'auraient été aussi.

6. Le contumace condamné sous l'empire de l'article 25 reparaît sous l'empire de la loi du 2 mai. Quelle sera sa position ? De l'art. 5 (§ 5), qui dit :

« *Le présent article n'est applicable au condamné par
contumace que cinq ans après l'exécution par effigie*, »
nous devons induire que lorsque le condamné n'a
reparu qu'après les cinq ans de l'affiche du jugement,
les effets de l'incapacité spéciale de donner ou de recevoir subsisteront dans le passé, ce condamné eût-il
même été déclaré non coupable; mais nous prendrons
pour point de départ l'expiration des 5 ans qui ont suivi
la condamnation; dès lors, les actes à titre onéreux, faits
dans l'intervalle de la condamnation à la comparution
en justice, pourront seuls ne pas être annulés; mais
les donations, les partages d'ascendants intervenus
après les 5 ans seront radicalement nuls. Ceux faits
pendant les 5 ans qui ont suivi l'affiche du jugement
seront valables.

La loi nouvelle, dans ce cas, rétroagit, et cet effet
rétroactif doit se produire pourqu'il en résulte pour les
condamnés une amélioration. D'après la loi ancienne,
les donations faites par le condamné ou au condamné
pendant les 5 ans qui suivaient la condamnation étaient
nulles; d'après la loi nouvelle, elles sont valables.

7. Quel est l'effet, d'après la loi nouvelle, d'un
testament fait antérieurement à la condamnation à
une peine afflictive perpétuelle?

Le paragraphe 2 de l'art. 5 répond à notre question :
« *Tout testament fait par le condamné antérieurement
à sa condamnation contradictoire devenue définitive est
nul.* »

La loi régit dans ce cas un fait accompli, mais qui
ne doit produire son effet qu'au décès de l'auteur de
l'acte, pourvu que sa capacité soit restée la même.

La capacité des personnes est dans le domaine de
la loi, qui a pu la changer à son gré. Donc, la disposition déjà citée ne peut être accusée de rétroactivité.

Le testament du condamné à mort qui se dérobe à l'exécution de la peine prononcée contradictoirement contre lui, ce testament est nul du jour de l'irrévocabilité de la condamnation, c'est-à-dire du jour où le pourvoi a été rejeté ; à plus forte raison celui du condamné qui a subi la peine.

8. Le paragraphe 2 de l'art. 3 est-il applicable aux condamnés par contumace?

Les principes que nous venons d'émettre sont applicables aux testaments faits par ces individus; seulement l'incapacité n'est pas encourue au moment de la condamnation par contumace, comme elle est encourue au moment de la condamnation contradictoire devenue définitive.

Si, par exemple, le contumax meurt dans le délai de grâce de 5 ans, le testament fait avant sa condamnation sera valable ; bien plus, le testament fait *après la condamnation* le sera aussi, s'il meurt dans le délai de grâce sans avoir été arrêté.

Les libéralités qui lui auront été faites seront valables et ses héritiers en profiteront, car il est mort dans l'intégrité de ses droits.

Mais cinq ans se sont écoulés depuis la condamnation par contumace. Le testament fait avant la condamnation ou depuis, pendant 5 ans, est nul, et les biens du condamné iront à ses successeurs *ab intestat*, s'il meurt après cette période.

Les libéralités qui lui seront faites depuis les 5 ans ne seront pas plus valables que celles qu'il aurait voulu faire.

Ces conséquences seraient les mêmes, alors qu'après les 5 ans, le condamné par contumace aurait reparu et aurait été acquitté.

Inutile de dire que, si le condamné par contumace

se représentait ou était arrêté et condamné à une peine perpétuelle, le testament fait par lui antérieurement, serait annulé conformément au § 2 de l'art. 3.

9. Ce même article, dans son § 2, s'applique-t-il aux institutions contractuelles? En d'autres termes, les institutions contractuelles, faites ou reçues avant la promulgation de la loi du 2 mai par l'individu condamné à une peine afflictive perpétuelle, sont-elles nulles d'après cette loi?

La similitude qui semble exister entre les institutions contractuelles et les testaments fait naître cette question. Les institutions contractuelles ont, en effet, cela de commun avec les testaments qu'elles n'ont d'effet qu'à la mort du donateur; et à ce titre là, on pourrait leur appliquer l'art. 3, § 2 : mais d'abord la disposition de l'art. 3 est rigoureuse, et on doit se garder de l'étendre au-delà de ses termes. En matière d'incapacité, le silence de la loi suffit pour qu'on l'interprète favorablement : de plus, les institutions contractuelles ont plutôt le caractère des donations entre-vifs puisque, comme elles, elles sont irrévocables, et dès lors ces institutions, faites dans un temps où leur auteur serait capable, ne deviendront pas nulles, alors même que cet auteur viendrait à mourir après avoir encouru l'incapacité dont il s'agit. Il y a eu dans l'institution contractuelle des droits acquis par le bénéficiaire avant la condamnation du donateur, des droits auxquels la loi nouvelle ne peut porter atteinte. Il est presque superflu de dire que les institutions contractuelles, postérieures à la condamnation à une peine perpétuelle, sont nulles, en présence de l'art. 3, § 1 de notre loi qui dit que le condamné à une peine afflictive perpétuelle ne pourra disposer de ses biens en tout ou en partie, soit par donation entre vifs, soit par testament.

10. Ce même article défend au condamné de recevoir. Donc une institution contractuelle, faite au condamné après sa condamnation, sera nulle.

Mais il n'en sera pas de même pour la donation par contrat de mariage faite à un individu avant sa condamnation à une peine afflictive perpétuelle.

L'institution ne sera pas nulle, et c'est le cas d'appliquer la règle que la loi n'a point d'effet rétroactif; car, au moment où l'institution contractuelle a été faite, l'individu qui a été condamné plus tard avait acquis un droit à la chose, objet de l'institution contractuelle que la loi ne lui enlève pas, que la loi ne pourrait lui enlever sans produire un effet rétroactif.

On ne peut pas prétendre qu'au moment où elle produit son effet, la donation semble être une protestation contre le jugement qui a puni un crime, puisqu'au moment où ce jugement a été rendu, la donation était déjà irrévocable, bien qu'elle ne dût avoir d'effet qu'au décès de l'instituant.

Ainsi nous reconnaissons que l'art. 3, § 1, qui défend au condamné à une peine afflictive de recevoir par donation entre-vifs ou par testament, ne s'applique pas aux donations par contrat de mariage.

11. D'après l'art. 747, Code Nap., combiné avec l'art. 25, l'asc ndant du condamné à une peine afflictive perpétuelle pouvait succéder, à l'exclusion de tous autres, aux choses par lui données à ce condamné. D'un côté, l'art. 747 lui donnait le droit au retour de ces biens en cas de décès de l'institué, et d'un autre côté, l'art. 25 faisait produire à la mort civile les effets de la mort naturelle.

La donation a été faite sous l'empire de l'art. 25 du Code Napoléon; le donataire a été condamné à une peine afflictive perpétuelle, sous l'empire de la loi du 2 mai.

L'ascendant a-t-il perdu, dès la promulgation de la loi nouvelle, le droit que lui conféraient les deux articles cités plus haut, d'exercer son droit de retour après la condamnation du donataire à une peine emportant la mort civile; ou bien le conserve-t-il encore?

Ce droit n'existera plus pour lui qu'au moment de la mort naturelle de l'institué, car le donataire, par l'effet de la donation, avait des droits qui ne pouvaient lui être enlevés que par la mort civile, assimilée par la loi à la mort naturelle, qui brise tous les liens. La mort civile abolie, le droit acquis conserve toute sa force, et l'exception à l'irrévocabilité des donations disparaît dans ce cas, et n'existe plus que pour le cas de mort naturelle.

12. *Les effets de la mort civile cessent pour l'avenir,* dit l'art. 5 de notre loi, *à l'égard des condamnés actuellement morts civilement, sauf les droits acquis aux tiers.*

L'état de ces condamnés est régi par les dispositions qui précèdent.

Dans cet article le législateur a voulu concilier deux principes également sacrés.

D'un côté en faisant profiter les individus déjà condamnés des bienfaits de la loi nouvelle, il a obéi au principe qui recommande l'application de la loi la plus douce, et a même été au delà de ce qu'on pouvait exiger de lui, en invoquant l'art. 4 du Cod. Pén. Mais, d'un autre côté, il ne pouvait, sans faire de la rétroactivité, disposer sur des faits accomplis, à la suite desquels des droits avaient été acquis à des tiers.

De la lutte de ces deux principes, dans l'esprit du législateur, il est résulté une disposition de loi, dans laquelle les deux principes se trouvent aussi en présence, qui se neutralisent dans leur application, et en somme la position de l'individu mort civilement au moment de la promulgation de la loi nouvelle, n'est pas sensiblement modifiée ; c'est à ceux qui seront condamnés plus tard à une peine afflictive perpétuelle, que la loi du 2 mai sera véritablement profitable.

Comparons, en effet, la position de l'individu condamné à une peine perpétuelle avant la loi du 2 mai, sa position avant cette loi, et sa position depuis, en vertu des nouvelles dispositions.

13. D'après le Code, le mort civilement subissait les incapacités suivantes :

1° En vertu de l'article 34 du code pénal, incapacité complète en ce qui concerne le droit public.

La loi nouvelle conserve cette incapacité, puisqu'elle conserve la dégradation civique.

14. L'art. 25 prononce la dissolution du mariage civil du condamné, et le déclare incapable de contracter un mariage qui produise aucun effet civil.

La loi nouvelle fait-elle cesser ces effets ? Oui. A l'avenir le mariage ne sera plus dissous par la condamnation à une peine afflictive et infamante. Le condamné à mort qui se sera dérobé à l'exécution de la peine ne verra pas même son mariage dissous.

A l'avenir, les condamnés ne seront plus incapables de contracter mariage.

Mais pour ceux dont le mariage a déjà été dissous par l'effet d'une condamnation, la loi nouvelle, la loi du 2-31 mai, dans l'article 5 *in fine*, réserve les droits des tiers, et ne permet pas ainsi la réformation du mariage dissous.

En effet, la rupture du lien conjugal doit être considérée comme un droit acquis.

Le conjoint de l'époux condamné a pu contracter un nouveau mariage, et alors on ne peut admettre que le mariage puisse être rétabli entre les époux, dont le mariage a été dissous par la mort civile.

Même dans le cas où l'époux du condamné n'aurait pas fait usage de l'indépendance que lui faisait la loi ancienne, cette indépendance ne saurait lui être enlevée, en vertu de la loi nouvelle, sans rétroactivité. Ainsi, la nouvelle loi n'aurait pu, sans rétroagir, détruire cette conséquence de la mort civile de l'article 25.

Ce droit acquis, résultant de la rupture du lien conjugal, existe pour le condamné lui-même : il a puisé dans sa condamnation un titre pour contracter un nouveau mariage pendant la vie de l'autre époux.

Ce nouveau mariage, il pourra le contracter, car la loi nouvelle ne défend pas le mariage aux condamnés à des peines perpétuelles, pas plus que l'exercice des droits de famille, autres que ceux que leur enlève la dégradation civique.

La loi nouvelle ne pouvait donc avoir un effet rétroactif sans violer des droits acquis, sans mettre le trouble dans la société.

Une proposition de l'honorable rapporteur du projet de loi de 1851, d'après laquelle une simple déclaration faite devant l'officier civil, aurait eu les effets d'une célébration nouvelle, tendait à faire rétroagir la loi jusqu'au jour de la dissolution du mariage, et à faire considérer cette dissolution comme n'ayant pas eu lieu.

Mais, d'abord, cette disposition de loi ne pouvait s'appliquer qu'au cas où l'un des époux n'aurait pas contracté un nouveau mariage. Le projet de loi ne prévoyait pas le cas où l'un d'eux se serait marié.

Fallait-il admettre, dans ce cas, que le second mariage contracté par l'époux du condamné était nul de plein droit? On aurait évidemment porté atteinte à des droits acquis, résultant de la rupture du premier lien: l'honorable rapporteur reconnaît l'existence de ces droits puisque le projet de loi ne permettait de faire revivre le mariage qu'à la condition du consentement mutuel.

La disposition l'art. 5 du projet de loi, dont M. Demante était le rapporteur, fut reproduite dans un amendement présenté par un membre de la commission nommée pour l'examen du projet de la nouvelle loi.

Cet amendement était aussi conforme à l'opinion de Toullier qui prétend que la mort civile ne brise pas le lien conjugal (1), qu'elle enlève au mariage ses effets légaux sans en opérer la dissolution; et il ôte ainsi au conjoint la liberté de former une nouvelle union.

Mais l'art. 227 est formel, qui place sur la même ligne, comme constituant les trois causes de dissolution du mariage : la mort naturelle, le divorce et la mort civile, et nous force de considérer comme inattaquable le nouveau mariage fait avant la nouvelle loi par l'épouse du condamné ou par le condamné lui-même après la promulgation de cette même loi.

Les membres de la commission de la nouvelle loi ne proposèrent pas de reproduire l'art. 5 du projet de loi de 1851 pensant que, pour épargner quelques formalités, il ne fallait pas s'écarter de la simplicité des principes et risquer de faire naître des difficultés rela-

(1) Dans le Droit romain et dans l'ancienne législation française, le mariage n'était point dissous par la mort civile. La disposition contraire, adoptée par le Code, éprouva de grandes difficultés dans la discussion faite au Conseil-d'État, et elle fut admise contre l'opinion de l'Empereur, par des arguments qui paraissaient plus subtils que solides.

Toullier, liv. 1, *des Personnes*, n° 232, 8°.

tivement au régime matrimonial, antérieurement dissous par la mort civile et peut-être déjà liquidé à raison des changements qu'avait subis leur patrimoine dans l'intervalle.

On conteste que, d'après la nouvelle loi, le mort civilement puisse se marier, quoique cependant l'opinion contraire semble devoir être admise, puisque la loi du 2 mai ne le défend pas formellement, et qu'il est admis que ce que la loi ne défend pas elle le permet.

15. L'art. 25 déclarait le mort civilement incapable de tester ou de recevoir après la mort civile encourue.

L'art. 3, de la nouvelle loi, qui défend de disposer, combiné avec le § 2 de l'art. 5, qui applique aux condamnés à une peine perpétuelle la disposition de la loi nouvelle, leur défend de disposer de leurs biens en tout ou en partie, soit par donation entre-vifs, soit par testament, ni de recevoir à ce titre si ce n'est pour cause d'aliments, et laisse ainsi subsister un des effets que la mort civile entraînait pour les condamnés.

16. Celui qui était frappé de mort civile perdait, d'après l'art. 25 du C. civil, la propriété de tous ses biens qui sont à ses successibles.

D'après l'art. 5, *in fine*, qui sauvegarde les droits acquis aux tiers, les biens des morts civilement, acquis avant la nouvelle loi à leurs successibles, ne pourront pas, même pour l'avenir, rentrer en leur possession.

Les biens recueillis par les successibles, à l'exclusion de ses ascendants, ne rentrent pas dans les leurs; ils ne pourront que recueillir les successions qui s'ouvriront depuis la loi nouvelle, successions dont seulement ils ne pourront pas jouir, puisque l'art. 2 les met en état d'interdiction légale.

17. Le testament, fait même avant la condamnation à la mort civile et qui avait été annulé par la mort civile, ne peut pas revivre d'après la nouvelle loi, puisque l'art. 3 dit, dans le § 2, que tout testament antérieur est nul.

18. Des rapprochements que nous venons de faire, il semblerait résulter que la nouvelle loi n'améliore guère la position des individus morts civilement au moment de sa promulgation.

On a prétendu même, que par la disposition du second paragraphe de l'art. 5, elle l'aggravait, puisqu'elle établissait pour eux l'interdiction légale de la nouvelle loi que l'art. 25 ne leur imposait pas.

Mais cette objection ne pourrait être faite que pour les individus condamnés contradictoirement à une peine perpétuelle et qui se seraient enfui aussitôt après, condamnés peu dignes des faveurs de la loi ; non pour ceux qui se trouvent dans les bagnes.

Cependant, dans son ensemble, il est incontestable que la loi nouvelle est une loi plus favorable que l'ancienne, puisqu'elle permet au condamné de rentrer dans la société à laquelle il était mort par une fiction immorale puisqu'elle permet à celui qui se trouve sous le coup d'une condamnation perpétuelle, de conserver l'espérance, non seulement de voir adoucir sa peine et les conséquences qu'elle entraîne, mais de pouvoir reprendre encore une place dans cette société dont il avait été banni.

Cet adoucissement dans la peine, le gouvernement a déjà le droit de le lui accorder.

Le droit de rentrer dans le sein de la société, l'art. 619 et suivants, sur la réhabilitation, permet qu'on le lui accorde sans que l'on soit obligé d'admettre, comme par le passé, cette fiction absurde qui faisait revivre un individu vivant.

19. L'art. 4 de notre loi fait naître une question de rétroactivité que nous devons résoudre.

Le gouvernement peut, d'après cet article, relever le condamné à une peine afflictive perpétuelle de tout ou partie des incapacités prononcées par la loi.

Le gouvernement peut donc rendre au condamné le droit de disposer entre-vifs, de faire un testament dont l'art. 3 le prive. Mais le testament fait avant sa condamnation revit-il de plein droit, quoique ce testament ait été formellement annulé, par suite de la disposition de l'art. 3, § 2.

On ne peut admettre cette solution, quoique à la rigueur on pût le faire, puisqu'il n'y a pas eu de droits acquis par les héritiers *ab intestat*.

Le condamné peut refaire son testament; et mille circonstances ayant pu faire changer sa volonté, ne s'exposerait-on pas à rendre valables des dispositions qui ont été déclarées nulles d'abord, et qui ne sont plus dans l'intention du condamné.

De même, les condamnés réhabilités devront refaire leurs dispositions testamentaires, et n'espéreront pas voir revalider le testament fait avant leur condamnation.

20. Pour terminer ce que nous avons à dire sur l'application du principe de l'art. 4 du Code pénal, à la loi du 2 mai; examinons la disposition de l'art. 6.

La présente loi porte : l'art. 6 n'est pas applicable aux condamnations à la déportation, pour crimes commis antérieurement à sa promulgation.

La loi du 8 juin 1850 sur la déportation, établissait que, depuis sa promulgation, les déportés n'encourraient plus la mort civile, et substituait à cette peine la dégradation civique et l'interdiction légale, réservant à une loi ultérieure le droit de fixer définitivement leur situation civile.

Cette loi ultérieure a été la loi du 2 mai, qui défend aux condamnés à une peine afflictive perpétuelle, de disposer de leurs biens en tout ou en partie, soit par donation entre-vifs soit par testament, ou de recevoir à ce titre.

On aurait pu faire peser sur les individus condamnés antérieurement à la promulgation de cette loi, les incapacités qu'elle établit, parce que l'ensemble de cette loi est favorable au condamné.

Mais comme il s'y trouvait une disposition moins favorable le législateur a encore une fois respecté le principe de la non rétroactivité, et a maintenu, en ce qui concerne les condamnations à la déportation pour crimes commis jusqu'à la promulgation de la loi nouvelle, les dispositions purement transitoires de la loi de 1850 ; il a ainsi respecté les testaments qui auraient pu être faits entre ces deux lois.

Mais, en rapprochant le dernier article de la loi de 1850, et l'art. 6 de la loi du 2 mai, nous trouvons un résultat qui n'était pas certainement dans la pensée du législateur.

La loi du 8 juin 1850 disait dans son article 8, qu'elle n'était pas applicable aux crimes commis avant sa promulgation.

Les individus condamnés à la déportation avant cette loi restèrent donc dans la même position.

D'un autre côté, l'art. 6 de notre loi dit qu'elle n'est pas applicable aux condamnations à la déportation pour crimes commis antérieurement à sa promulgation.

Ainsi, les individus condamnés avant 1850, qui n'ont pas été délivrés de la mort civile par cette loi, seraient

donc encore sous le coup des incapacités qu'elle entraînait, puisque notre loi ne statue que pour les condamnés postérieurs à sa promulgation.

Devons-nous admettre ce résultat; et quelque logique
qu'il puisse paraître, devons-nous croire qu'il ait existé
dans la pensée du législateur; pouvons-nous supposer
qu'en donnant à la France une loi dont le but principal
était de relever la dignité humaine, abaissée par cette
institution de la mort civile, il ait voulu priver une
catégorie de condamnés du bénéfice de ses dispositions?
Il est impossible d'admettre que telle ait été la volonté
du législateur, parce que cette conséquence contra-
rierait la pensée qui a inspiré la loi nouvelle. Ce qui
le démontre jusqu'à l'évidence, c'est que cette dernière
trace de rigueur s'appliquerait à une catégorie de condamnés plus favorable que les autres. C'est, en effet,
pour les déportés que la loi s'est d'abord départie de sa
sévérité; pour eux, en effet, elle n'a pas attendu l'abro-
gation générale de la mort civile, ne voulant pas les
laisser sous l'empire de ce régime barbare. Serait-il
naturel de croire que le législateur ait voulu conserver
pour eux des incapacités qu'elle a fait cesser pour tous
les condamnés en général? Une simple négligence de
rédaction ne saurait prévaloir contre la pensée certaine
du législateur telle qu'elle est démontrée par l'esprit de
la loi et par l'argument *à fortiori* qui s'en évince.

POSITIONS.

DROIT ROMAIN.

I.

Lorsque les associés n'avaient pas réglé les parts dans les bénéfices, il y avait lieu de les partager d'une manière égale et non proportionnelle.

II.

La division tripartite des fautes en *culpa lata, levis* et *levissima* ne se trouve pas dans les textes du Droit romain.

III.

Le mandataire était tenu de la *culpa levis in abstracto.*

IV.

L'action noxale n'était pas par elle-même arbitraire; il y avait certains cas où elle le devenait.

V.

Le possesseur de bonne foi de la chose d'autrui faisait siens même les fruits naturels qui naissaient *sine culturâ et curâ.* (*Nec obstat,* § 35, *Instit. de divisione rerum,* lib. II, tit. 1.)

CODE NAPOLÉON.

I.

La possession d'état établie pour consacrer, à défaut de titre, la filiation légitime, ne peut consacrer la filiation naturelle.

II.

Le bailleur n'a pas droit à être colloqué par privilège pour les termes échus, lorsqu'il n'y a pas de bail ayant date certaine.

III.

La femme mariée sous le régime dotal peut disposer de ses biens dotaux par voie d'institution contractuelle, au profit de toute personne

IV.

La femme qui, sur les poursuites à fin de purge, néglige de faire inscrire son hypothèque légale, perd à la fois son droit de suite et de préférence.

V.

La prescription de 5 ans s'applique aux intérêts moratoires.

DROIT CRIMINEL.

I.

L'action civile résultant de crimes ou délits peut être repoussée par la prescription édictée dans les art. 637 et suivants du Code d'instruction criminelle, même quand elle est intentée indépendamment de l'action publique devant le tribunal civil. — Il n'y a d'exception à ce principe que lorsque le demandeur trouve dans un contrat ou un quasi-contrat le fondement de son action sans qu'il ait besoin d'invoquer l'obligation naissant *ex delicto*.

II.

Le juge d'instruction peut, comme le procureur impérial, et au cas de réquisition d'un chef de maison, se transporter dans le domicile, en vertu de l'art. 46.

III.

La tentative d'avortement doit être punie de la réclusion, conformément à l'art. 317 (§ 1er) du Code pénal ; spécialement les médecins et chirurgiens, qui sont passibles de la peine des travaux forcés à temps lorsque l'avortement a eu lieu, sont régis par le § 1er de l'article 317, en cas de simple tentative.

PROCÉDURE.

I.

Le taux du dernier ressort doit être déterminé d'après l'état définitif des conclusions prises à l'audience, et non par l'exploit introductif d'instance.

II.

Les juges d'appel, en annulant un jugement pour cause d'incompétence, peuvent évoquer le fonds, alors même que la valeur du litige serait au-dessous du taux du dernier ressort.

III.

L'acquiescement donné à un jugement par l'avoué qui avait occupé pour la partie ne peut être opposé par l'avoué à cette partie, et la partie n'est pas obligée de recourir au désaveu.

DROIT COMMERCIAL.

I.

En cas de refus par le mari, les tribunaux ne peuvent accorder à une femme mariée l'autorisation de faire le commerce.

II.

Le commissionnaire ne peut tirer sur son commettant une traite que celui-ci doive nécessairement accepter.

III.

L'assurance maritime n'engage la responsabilité des assureurs qu'à l'égard des dommages éprouvés directement par les objets même mis en risque.

DROIT ADMINISTRATIF.

I.

Il est des actes faits en la forme administrative qui sont des contrats de droit civil, dont l'interprétation et l'exécution appartiennent à l'autorité judiciaire. Ils diffèrent essentiellement des actes administratifs, dont il n'appartient qu'à l'autorité administrative de connaître.

II.

Aucun recours contentieux n'est admissible contre le refus fait par le maire de délivrer un certificat de bonne vie et mœurs, alors même qu'il serait indispensable pour l'exercice d'une industrie.

III.

Les préfets peuvent ordonner la suppression des ateliers insalubres de première classe.

|Vu par le Doyen de la Faculté de droit,

DELPECH

VU ET PERMIS D'IMPRIMER.

L'Inspecteur-Général de l'enseignement supérieur

F. LAFERRIÈRE.

Toulouse. — Imprimerie de BONNAL et GIBRAC, rue St-Rome, 16.

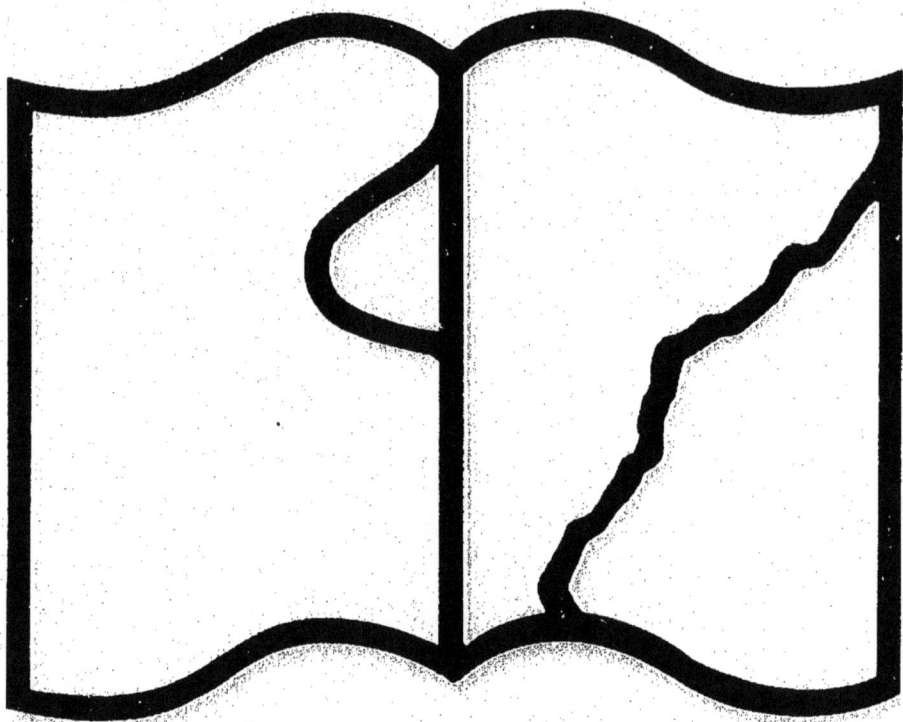

Texte détérioré — reliure défectueuse

NF Z 43-120-11

Contraste insuffisant

NF Z 43-120-14

www.ingramcontent.com/pod-product-compliance
Lightning Source LLC
Chambersburg PA
CBHW071210200326
41519CB00018B/5458